Stundenblätter
Kopfrechnen 5.–9. Schuljahr

Dietger Feiks / Wolfgang Seibold

Stundenblätter
Kopfrechnen

5.–9. Schuljahr

Beilagen:
43 Seiten Stundenblätter
+ 5 Arbeitsblätter zum Kopieren

Ernst Klett Verlag für Wissen und Bildung
Stuttgart · Dresden

Gedruckt auf Recyclingpapier, hergestellt aus 100% Altpapier

Die Deutsche Bibliothek – CIP-Einheitsaufnahme

Feiks, Dietger:
Stundenblätter Kopfrechnen: 5.–9. Schuljahr/
Dietger Feiks; Wolfgang Seibold. – 4. Aufl. –
Stuttgart; Dresden: Klett, Verlag für Wissen und Bildung, 1992
  ISBN 3-12-924701-7

4. Auflage 1992
© Ernst Klett Verlag für Wissen und Bildung GmbH, Stuttgart 1983
Satz: G. Müller, Heilbronn
Druck: Wilhelm Röck, Weinsberg
Einbandgestaltung: Zembsch' Werkstatt, München
ISBN 3-12-924701-7

Inhalt

Die 5 Arbeitsblätter zum Kopieren befinden sich in der Beilage auf den Seiten 14, 17, 32, 44, 47.

1. Themenübersicht

Schul-jahr	Stunden-blatt Nr.	Themenbereiche
5	5.1	Zahlzeichen und Zahldarstellung
	5.2	Addition und Subtraktion natürlicher Zahlen
	5.3	Multiplikation und Division natürlicher Zahlen
	5.4	Rechnen mit Größen – Längen
	5.5	Rechnen mit Größen – Flächen
	5.6	Rechnen mit Größen – Raummaße und Hohlmaße
	5.7	Rechnen mit Größen – Gewichte
	5.8	Rechnen mit Größen – Geld
	5.9	Rechnen mit Größen – Zeit
	5.10	Rechnen mit Größen – übergreifende Aufgaben
6	6.1	Vielfache, Teiler und Teilbarkeit
	6.2	Größter gemeinsamer Teiler, kleinstes gemeinsames Vielfaches
	6.3	Bruchzahlen und Größen
	6.4	Erweitern und Kürzen von Brüchen
	6.5	Gemischte Zahlen
	6.6	Bruchaddition und Bruchsubtraktion
	6.7	Bruchmultiplikation
	6.8	Bruchdivision
	6.9	Brüche und Dezimalbrüche
7	7.1	Prozentrechnen
	7.2	Zinsrechnen
	7.3	Proportionale Zuordnungen
	7.4	Antiproportionale Zuordnungen
	7.5	Rechnen mit ganzen Zahlen
8	8.1	Rechnen mit rationalen Zahlen
	8.2	Flächenberechnungen
	8.3	Rauminhaltsberechnungen
9	9.1	Aufgabenbeispiele aus der Arithmetik
	9.2	Sachaufgaben

Mögliche Übungsformen aus Kapitel 3 (Zuordnung)
10–12, 14, 15, 17–19, 43, 44, 49, 83, 88, 91, 100
1–3, 5, 6, 9–13, 19–23, 27, 29, 32, 33, 41, 42, 48–56, 60–63, 67–71, 74, 88, 92, 97–99
8–15, 17, 19–23, 27, 29, 31, 32, 41, 42, 46–55, 60–63, 67, 85, 88, 91, 92, 95, 97–99
4–6, 10–12, 14, 15, 23, 26, 49, 88, 91
4–8, 10–12, 14, 15, 23, 26, 34, 49, 65, 80, 84, 88, 91
4–8, 10–12, 14, 15, 23, 26, 49, 75, 88, 91
4–8, 10–12, 14, 15, 18, 23, 26, 49, 59, 88, 91
4–8, 10–12, 14, 15, 17, 23, 26, 49, 88, 91
4–8, 10–12, 14, 15, 18, 23, 26, 49, 88, 91
4–8, 10–12, 14, 15, 17, 18, 23, 26, 49, 58, 88, 91
10–12, 14, 15, 28, 43, 49, 62, 88, 91
10–12, 14, 15, 38, 49, 88, 91
4–8, 10–12, 14, 15, 18, 30, 40, 49, 63, 88, 91
10–12, 14, 15, 29, 30, 37, 39, 49, 72, 81, 88, 91, 93, 101
10–12, 14, 15, 30, 49, 82, 88, 91
4–8, 10–12, 14, 15, 19, 20, 25, 27, 29, 30, 35, 36, 42, 45, 49, 54, 56, 60, 63, 66, 67, 73, 76–79, 82, 85, 89, 91, 92, 94, 96
10–12, 14, 15, 20, 25, 29–31, 42, 49, 54, 60, 63, 67, 73, 78, 82, 85, 88, 89, 90, 91, 94–96
10–12, 14, 15, 19, 20, 25, 29–31, 40, 42, 49, 54, 55, 60, 63, 67, 73, 78, 85–91, 94, 96
4–8, 10–12, 14, 15, 21, 27, 30, 35, 49, 57, 66, 67, 88
10–12, 14, 15, 18, 24, 49, 57, 64, 83–86, 88, 91
10–12, 14, 15, 24, 49, 84, 86, 88, 91
10–12, 14, 15, 49, 58, 91
10–12, 14, 15, 49, 91
5, 10–12, 14, 15, 21, 29, 31–33, 41–43, 48, 49, 51, 54–56, 60, 67, 88, 91, 92
5, 9–12, 14, 15, 21, 29, 31–33, 36, 42, 43, 49, 51, 54, 56, 60, 67, 73, 88, 91, 92
10–12, 14, 15, 49, 91
10–12, 14, 15, 49, 91
10–12, 14, 15, 49, 91
10–12, 14, 15, 49, 91

2. Überlegungen zum Kopfrechnen

Begriffliche Abgrenzung

Wir bedienen uns im privaten und beruflichen Alltag überall dort des Kopfrechnens, wo wir glauben, anstehende mathematische Probleme ohne Zuhilfenahme von Papier und Bleistift sowie anderer Hilfsmittel lösen zu können. Das Kopfrechnen ist daher abzugrenzen gegenüber schriftlichen und halbschriftlichen Verfahren, obwohl die Übergänge im Hinblick auf den praktischen Vollzug fließend sind und bleiben werden.

Von der Notwendigkeit der täglichen Kopfrechenübungen

Die Reform des Mathematikunterrichts in den letzten zwanzig Jahren brachte sowohl für den Primar- als auch für den Sekundarbereich eine Fülle neuer Inhalte. Den Rechenfertigkeitsübungen wurde daher nicht mehr überall der Raum gewährt wie vordem. Darüber klagen vor allem die Ausbilder in Industrie und Handwerk. Die dabei im einzelnen vorgetragenen Argumente sollen hier weder aufgelistet noch kritisch aufgearbeitet werden. Es bleibt aber festzuhalten, daß tägliche Kopfrechenübungen zur Sicherung von Rechenoperationen als den gängigen Verfahrensabläufen sowohl in der Grundschule[1] als auch in den weiterführenden Schulen unerläßlich sind. Auch – oder vielleicht gerade – im Zeitalter des rechnerunterstützten Mathematikunterrichts sind das in den Schuljahren 5 bis 9 vor allem folgende Bereiche:

- Die Grundrechenoperationen Addition, Subtraktion, Multiplikation und Division in den verschiedenen Zahlbereichen (natürliche Zahlen, ganze Zahlen, rationale Zahlen) sowie in den unterschiedlichen Größenbereichen (Längen, Flächen, Rauminhalte und Volumina, Gewichte, Geld und Zeit).
- Rechenoperationen im Bereich des angewandten Rechnens, z.B. Prozent- und Zinsrechnen oder die Zuordnung zwischen den Größenbereichen.

Den Kopfrechenübungen zur Sicherung des Gelernten in diesen Bereichen ist nach unserer Auffassung wieder ein höherer Stellenwert einzuräumen. Die von uns vorgelegten Stundenblätter geben dafür Anregungen auf dem Hintergrund des gegenwärtigen fachdidaktischen, fachmethodischen, lernpsychologischen und motivationspsychologischen Diskussionsstandes.

Redlicherweise gilt es aber auch zu verdeutlichen, was das Kopfrechnen – und damit auch das Material in unseren Stundenblättern – nicht zu leisten vermag:

– Das Kopfrechnen kann den Einsatz von Rechenhilfen (Rechenstab, Taschenrechner, Rechentabellen u. a. m.) nicht ersetzen, denn Inhalte wie beispielsweise die Winkelfunktionen oder die exponentiellen Funktionen lassen sich ohne deren Verwendung in einem zeitgemäßen Mathematikunterricht nicht mehr durchsetzen.

– Die durch das Kopfrechnen geübten Rechenfertigkeiten wirken sich nicht unbedingt und in jedem Fall leistungssteigernd auf die Rechenfähigkeit aus, denn das Erkennen mathematischer Strukturzusammenhänge (z. B. bei Textaufgaben) entzieht sich weitgehend einer Erschließung durch Kopfrechenübungen.

Zum didaktischen Ansatz

Unsere Stundenblätter bieten dem Lehrer Anregungen, wie er die täglichen Kopfrechenübungen abwechslungsreich, einfallsreich und interessant gestalten kann. Wir haben uns dabei um einen sach- und schülergemäßen Aufbau bemüht und uns von einem didaktischen Ansatz leiten lassen, der sich anhand der Begriffe Rechenfähigkeit und Rechenfertigkeit offenlegen läßt.[2]

Wir gehen davon aus, daß uns mathematische Begriffe und Operationen stets in Sachzusammenhänge eingebettet begegnen. Unter der *Rechenfähigkeit* versteht die Fachdidaktik das Vermögen, mathematische Aufgabenstellungen in ihrem Sachzusammenhang bzw. in ihrer Sachstruktur zu erfassen, von daher mögliche Lösungswege auszumachen und Lösungsschritte abzuleiten. Wird der Schüler unterwiesen, derartige Strukturzusammenhänge zu erkennen sowie Lösungswege und -schritte selbständig zu entwickeln, wird die Anwendung mathematischer Begriffe und Operationen auf neue Situationen im Sinne der Rechenfähigkeit möglich.

Neben dieser Einsicht in mathematische Beziehungen erstrebt der Mathematikunterricht auch *Rechenfertigkeit*. Damit wird der mehr technische Umgang mit Zahlen angesprochen, der auf eine sichere Beherrschung der Grundrechenarten und der einfachen Rechenverfahren abzielt. Durch das freie Verfügenkönnen im Umgang mit Zahlen und Operationen wird der Schüler entlastet, so daß er seine Aufmerksamkeit auf komplexere Zusammenhänge (z. B. bei Textaufgaben) richten kann. Um das zu erreichen, darf auf die täglichen Kopfrechenübungen nicht verzichtet werden.

Die Schulung der Rechenfähigkeit und das Einüben von Rechenfertigkeiten sind aber nicht als völlig voneinander abtrennbare Vorgänge zu verstehen. Wir gehen bei unseren Vorschlägen vielmehr davon aus, daß beide didaktische Zielsetzungen überall dort zu verbinden sind, wo sich unterrichtliche Möglichkeiten dafür anbieten.

Lernpsychologische Anmerkungen

Als lernende Menschen erfahren wir in den unterschiedlichsten Lebenssituationen immer wieder, daß eine sich anbahnende Fähigkeit oder Fertigkeit ohne Übung nicht sicher erworben werden kann. „Das Üben dient der Automatisierung von gedanklichen und praktischen Abläufen. Übung ist daher überall dort nötig, wo geistige Akte nicht nur einsichtig durchdrungen, sondern bis zur Sicherheit und Geläufigkeit eingeschliffen werden müssen."[3] Durch die Übung werden Einzelfunktionen geschult, die dann im Zugriff auf neue Wirklichkeit eine rasche Erledigung konkreter Aufgabenstellungen erlauben. Die Präsenz des Geübten entlastet uns und macht unsere Aufmerksamkeit frei für umfassendere und komplexere Zusammenhänge. So wird sich beispielsweise ein Schüler nur dann auf den Problemlösungsvorgang einer Textaufgabe konzentrieren können, wenn er über die Grundrechenarten mit eingeschliffener Geläufigkeit verfügt.

Kopfrechenübungen können aber wie jede Form der Übung zu rein mechanischem Virtuosentum oder zu sinnlosem Drill abgleiten. Diese Gefahr besteht vor allem dann, wenn diese Übungen methodisch eintönig durchgeführt werden oder wenn über längere Zeit nur mit bloßen Zahlen operiert wird, ohne die Aufgabenstellungen in Sachzusammenhänge einzubetten. Um solchen „gefährlichen Übungen"[4] vorzubeugen, gilt es folgendes zu beachten:

1. Übungen zur Rechenfertigkeit und Aufgabenstellungen zur Förderung der Rechenfähigkeit sind möglichst zu verbinden.

2. Die von Odenbach[5] auf dem Hintergrund unterschiedlicher lernpsychologischer Theoriebestände aufgestellten Regeln zur Methodik des Übens – auch ‚Übungsgesetze‘ genannt – sind zu befolgen.
   Dadurch kann die Bereitschaft für das Üben als dem Streben nach einem „Immer-besser-können-Wollen" (Bollnow) geweckt und ein entsprechender Übungserfolg sichergestellt werden. Einige für unseren Zusammenhang besonders wichtige Regeln seien daher hervorgehoben:
   Das Gesetz der Bereitschaft: Ohne Übungsbereitschaft ist ein Übungserfolg nicht möglich.
   Das Gesetz des Erfolgs: Das Erfolgserlebnis bei einer Übung weckt neue Übungsbereitschaft (Thorndike).
   Das Frequenzgesetz: Der Übungserfolg ist abhängig von der Zahl der Wiederholungen (Thorndike).
   Das Gesetz des Formwechsels: Der Lerngegenstand sollte bei den Wiederholungen in möglichst verschiedenen Situationen oder Aufgabenzusammenhängen dem Schüler entgegentreten.
   Ganzheitliches Üben: Das Üben in sinnvollen Zusammenhängen ist dem Üben isolierter Wissenselemente vorzuziehen.

Jost'sches Verteilungsgesetz: Kurzdauernde, über einen längeren Zeitraum verteilte Übungen sind wirkungsvoller als gehäufte Übungen.

Zeitpunkt der ersten Wiederholung: Die erste Wiederholung soll bald nach der Neueinführung erfolgen, da die Behaltenskurve in den ersten Tagen besonders stark fällt.

Motivationspsychologische Anmerkungen

Ohne auf die verschiedenen Theoriebestände zur Leistungsmotivation einzugehen, skizzieren wir die hier im Zusammenhang mit dem Kopfrechnen anstehenden Probleme auf dem Hintergrund der Formel zur Lernmotivierung nach Heckhausen.[6]

Motl   = (LM.E.Ae) + As + N + [bId + bZust + bAbh + bGelt + bStrafv]

Legende:

Motl	=	Lernmotivierung
LM	=	Leistungsmotivation (als zielstrebiges Verhalten in der Auseinandersetzung mit einem als verbindlich angesehenen Gütemaßstab)
E	=	Erreichbarkeitsgrad des in der Lernsituation gestellten Leistungsziels für den individuellen Schüler
Ae	=	Anreiz von Aufgaben
As	=	sachbereichsbezogener Anreiz (als Werteinstellung gegenüber verschiedenen Lehrstoffen)
N	=	Neuigkeitsgehalt eines dargebotenen Lehrstoffs
bId	=	Bedürfnis nach Identifikation mit dem Erwachsenenvorbild
bZust	=	Bedürfnis nach Zustimmung
bAbh	=	Bedürfnis nach Abhängigkeit von Erwachsenen
bGelt	=	Bedürfnis nach Geltung und Anerkennung
bStrav	=	Bedürfnis nach Strafvermeidung in Schule und Elternhaus

Wir haben uns deshalb für diesen Formelausdruck entschieden, weil sich von hier aus unmittelbar didaktische und unterrichtsmethodische Folgerungen ableiten lassen. In dieser Formel kann man situationsspezifische Determinanten (E, Ae, N) von persönlichkeitsspezifischen Variablen (LM, As, bId, bZust, bAbh, bGelt, bStrav) unterscheiden. Besonders die situativen Determinanten sind einem rational planenden Zugriff im Sinne einer unterrichtsmethodischen Gestaltung zugänglich und relativ kurzfristig veränderbar; durch eine entsprechende methodische ‚Aufladung' der Kopfrechenaufgaben läßt sich demnach eine unmittelbar sachbezogene Motivation anbahnen. Für diese augenblickliche Motivation spielt der Anreiz einer Aufgabe (Ae) eine wichtige Rolle. Anziehende Aufgaben entfalten aber nur dann ihre günstige Wirkung auf das Motivationsgeschehen, wenn sie für den Lernenden eine mittlere Erfolgswahrscheinlichkeit oder einen mittleren Erreichbarkeitsgrad (E) aufweisen.

Diese beiden situationsabhängigen Variablen sind in der Formel Heckhausens miteinander multiplikativ und beide wiederum multiplikativ mit der überdauernden Leistungsmotivation (LM) verknüpft.

Diese multiplikative Verknüpfung bedeutet, daß das Ergebnis des Zusammenwirkens der Faktoren Ae und E als Produkt zu interpretieren ist. Damit aber läßt sich ein Mangel bei einem der Faktoren nicht durch den anderen Faktor ausgleichen; denn der schwächere Faktor begrenzt das Ergebnisprodukt zwangsläufig oder läßt es sich – unabhängig von der vom Schüler mitgebrachten überdauernden Leistungsmotivation (LM) – im Extremfall gegen Null entwickeln. Diesem ersten Teil des Formelausdrucks sind der sachbezogene Anreiz der Aufgabe (As), der Neuigkeitsgehalt des Lerninhalts (N) sowie eine Reihe sozialpsychologischer Bedürfnisse (bId, bZust,..), die sich allerdings einer Beeinflussung durch die Schule zum Teil entziehen, additiv zugeordnet. Ins Unterrichtsmethodische gewendet, bedeutet das für uns:

1. Kopfrechenübungen dürfen nicht langweilig sein, sondern haben durch die Art der Aufgabestellung einen möglichst hohen Anreiz zu bieten. Anregungen dazu versuchen wir durch die in Kapitel 3 vorgestellte Sammlung von Übungsformen zu geben.
2. Kopfrechenübungen sind dem mittleren Erreichbarkeitsgrad beim Schüler anzupassen, was nur durch Maßnahmen zur inneren Differenzierung gewährleistet werden kann. Hinweise dafür werden in den Stundenblättern zu den einzelnen Themenbereichen gegeben.

Unterrichtsrezept fürs Kopfrechnen

Rezepte findet man nicht nur im Kochbuch. Sie begegnen uns vielmehr überall dort, wo abgesicherte und erprobte Wege in eng umgrenzten Feldern im Sinne des Wiederaufnehmens gemachter Erfahrungen vorgeschlagen werden. So handelt man Rezepte für das Pflegen von Zimmerpflanzen, das Reinigen von Kleidern... Die Sprache deutet hier darauf hin, daß man immer dort von Rezepten spricht, wo sich von einem selbst oder von anderen gemachte Erfahrungen zu erfolgversprechenden Handlungsanweisungen verdichtet haben.

Auch im Berufsfeld des Lehrers können gewonnene Erfahrungen zu mehr oder weniger eindeutigen und erfolgversprechenden Handlungsanweisungen gerinnen; in diesem Fall spricht man von Unterrichtsrezepten. Unsere unterrichtsmethodischen Empfehlungen, die durch die oben gemachten fachdidaktischen, lern- und motivationspsychologischen Ausführungen abgesichert sind, lassen sich in folgendem vorläufigen Unterrichtsrezept für das Kopfrechnen zusammenfassen:

– Achten Sie beim Kopfrechnen darauf, daß nicht längere Zeit mit bloßen Zahlen operiert wird! Versuchen Sie vielmehr die Übungsaufgaben überall dort, wo es möglich ist, in Sach- oder Situationszusammenhänge einzubetten!

- Versuchen Sie die Lernfreude der Schüler dadurch zu fördern, daß Sie Aufgaben-stellungen in Spielform, mit Wettkampfcharakter, mit besonderen optischen Anreizen, in verschiedenen Sozialformen und mit wechselndem Medienangebot präsentieren!
- Vermitteln Sie den Schülern – wo immer es sich anbietet – ein Erfolgserlebnis, und sparen Sie nicht mit Lob! Stellen Sie in diesem Zusammenhang beispielsweise Tages- oder Wochensieger fest, oder belohnen Sie hervorragende Leistungen mit ,Kopfrechenurkunden'!
- Gehen Sie die Kopfrechenübungen zu den einzelnen Themenbereichen in stets wechselnden Aufgabenstellungen und in möglichst verschiedenen Situationen an!
- Lassen Sie Ihren Einfallsreichtum bei der Auswahl und Entwicklung von Übungs-formen walten! Räumen Sie aber auch den Schülern die Möglichkeit zur Gestal-tung von Übungsformen ein; denn die Schüler wollen bereits bekannte Übungs-formen in produktiver Weise auf neue Themenbereiche anwenden! Nach unseren Erfahrungen läßt sich durch derart offen gestaltete Übungssituationen ein als op-timal zu bezeichnender motivationaler Gesamtrahmen schaffen, weil der Schüler hier nicht nur relativ frei, sondern auch in dem Bewußtsein arbeitet, einen Adres-saten für sein Tun zu haben.
- Beteiligen Sie die Schüler nicht nur an der Planung und Durchführung der unter-richtlichen Sequenzen für das Kopfrechnen, sondern auch an der Herstellung von Medien (Spielgeld, Rechenlotto, Wendekarten...) und an der Beschaffung von Materialien (Fahrpläne, Zinstabellen, Verkaufsplakate...)!
- Nutzen Sie das Kopfrechnen gelegentlich auch zur Gestaltung des Klassenzim-mers, z.B. durch das Aufhängen von Spielplänen, Rechentabellen, Maschinen-modellen, bildhaften Darstellungen zu den Übungsformen (vgl. dazu Kapitel 3)! Vielleicht läßt sich dadurch die Arbeitsfreude und die Lernatmosphäre günstig beeinflussen.
- Veranstalten Sie mit Ihren Schülern Kopfrechenübungen mit einer täglichen Dauer von 5 bis 10 Minuten; denn das ist wirkungsvoller, als einmal in der Woche eine halbe Stunde zu üben!
- Beschränken Sie das Kopfrechnen nicht ausschließlich auf eine bestimmte Phase (z.B. Anfang oder Ende) Ihrer Unterrichtsstunden! Regelmäßigkeit und Ord-nung tut not, doch Rituale haben auch ihre Tücken!
- Üben Sie einen Themenbereich bald nach der Neueinführung, da die Behaltens-kurve in den ersten Tagen besonders steil abfällt! Danach können die Übungs-intervalle zunehmend größer werden.
- Korrigieren Sie die bei Kopfrechenübungen auftretenden Fehler sofort, damit sich nichts Falsches einschleicht und festsetzt!
- Reden Sie mit Ihren Schülern auch einmal über das Thema ,Kopfrechnen'; fragen Sie danach, wie Ihre Übungsformen ankommen, und lassen Sie die Schüler Ge-genvorschläge machen!
- Achten Sie auch einmal darauf, was Ihre Schüler auf dem Pausenhof tun! Dabei

kann man Spielformen entdecken, die intensives Kopfrechnen verlangen, z. B. das ‚Vergleichen‘ von Größenangaben für Flugzeuge, Autos, Rennwagen anhand von Spielkarten.

- Erstellen Sie von immer wiederkehrenden Übungsformen (Tabellen, Figuren, Modellen…) gleich mehrere Vorlagen durch Fotokopien! Sie sparen so viel Zeit bei der Erstellung von Übungsmaterial, wenn sie später in diese Vorlagen nur noch Zahlen und Größen einsetzen müssen!

- Legen Sie sich in einer Kiste (einem Fach/Schrank) an Ihrer Schule im Lauf der Zeit einen Fundus an Standard-Kopfrechen-Materialien an:

  1) Zum Spiel benötigen Sie nach Möglichkeit einen Klassensatz (verschiedenfarbiger) Würfel, desgleichen Spielfiguren. Starten Sie einmal eine Sammelaktion in mehreren Klassen! Falls Sie das Material kaufen wollen oder müssen und Schwierigkeiten mit der finanziellen Absicherung oder Genehmigung haben: Laden Sie Ihren Chef oder Fachberater Mathematik einmal in einer Pause zu einem Spielchen mit einem der nachfolgenden Spielpläne ein…

  2) In den Stundenblättern wird an mehreren Stellen auf ‚präparierte‘ Würfel verwiesen. Beschaffen Sie sich dazu am besten ein paar Meter Kantholz (20 × 20 / 30 × 30 oder 40 × 40 mm) in einem Baumarkt, und bitten Sie einen Werk- oder Technikkollegen, davon Würfel abzusägen und eventuell mit einer Klasse die Ecken und Kanten zu runden. Wenn Sie noch einen Kunstkollegen kennen, bemalt er sicher in einer Randstunde einmal Ihre Würfel mit Acryllack (mattglänzend, ungiftig). Auf diese Neutralwürfel können Sie nun aufmalen (permanente Filzstifte) oder aufkleben!

  3) Zur Herstellung von Wende- und Spielkarten beschaffen Sie sich am besten farbigen Fotokarton, den Sie mit der Schneidmaschine auf handliches Format schneiden (lassen).

  4) Filzschreibersätze in verschiedenen Strichstärken sowie Leerfolien runden Ihr Kopfrechenarsenal krönend ab!

- Erstellen Sie Vorlagen für den Kopfrechenunterricht möglichst in schwarzer Farbe, z. B. als Bleistiftzeichnung! Schwarze Vorlagen sind stets gut kopierfähig und daher wiederverwendbar (zum Thermokopieren und Fotokopieren).

- Prüfen Sie, wieweit Tafelzeichnungen, -skizzen und Anschriebe bereits am Vortag im Klassenzimmer angefertigt werden können!

- Legen Sie Ihre Arbeitsmaterialien (weiße und bunte Kreide, Folienschreiber, Spielkarten, Arbeitsmittel…) schon vor Beginn des Unterrichts bereit!

- Überlegen Sie sich bereits im Rahmen der Unterrichtsvorbereitung die Ihrem Vorhaben angemessene Sitzordnung der Schüler!

- Legen Sie bei der Arbeit mit dem TLP einen feuchten Lappen bereit, um eventuell notwendige Korrekturen durchführen zu können!

- Fragen Sie bei Kollegen nach, ob in der Nähe nicht eine erreichbare Schnelldruckanstalt ist: Dort lassen sich oft gegen wenig Geld gute Materialien herstellen (Druck auf Kartonpapier, Druck auf Selbstklebefolien – z. B. zum Bekleben der Würfel).

– Fragen Sie Kollegen einmal, ob nicht irgendwo in der Schule noch ältere, gebrauchsfähige, aber abgeschriebene Mathematikbücher verstauben. Wenn Sie diese ‚reaktivieren‘, haben Sie auf einfache und billige Art zusätzliche (Kopfrechen-)Übungsmöglichkeiten.
– Vergessen Sie nicht, daß Sie sich (auch) beim Kopfrechnen im Dilemma zwischen folgenden drei Zitaten bzw. Sprichwörtern befinden:

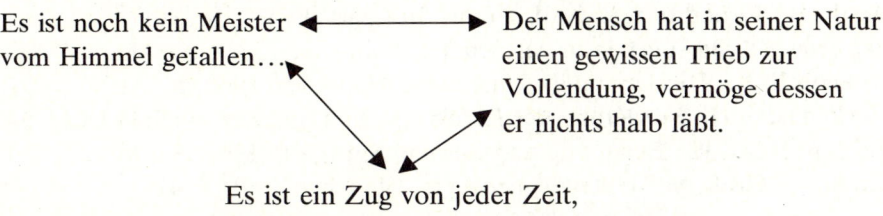

Es ist noch kein Meister vom Himmel gefallen...

Der Mensch hat in seiner Natur einen gewissen Trieb zur Vollendung, vermöge dessen er nichts halb läßt.

Es ist ein Zug von jeder Zeit, daß niemand erreicht Vollkommenheit.

Die beigefügten Stundenblätter sind im Sinne dieses Rezepts gestaltet worden. Es ist aber darauf hinzuweisen, daß es sich bei einem Unterrichtsrezept nicht „um etwas handelt, was immer, sofort und in jeder Situation und ohne Beachtung von vielen Nebenbedingungen funktioniert".[7] Ob unser Rezept zum Erfolg führt, wird nicht zuletzt vom methodischen Gestaltungsvermögen des Lehrers und vom Lern- und Arbeitsklima in der Klasse abhängen.

Hinweise zum Einsatz der Stundenblätter

In den Stundenblättern bieten wir für den jeweils anstehenden Themenbereich Aufgabenvorschläge zum Kopfrechnen an, die im Hinblick auf den Leistungsstand der Schüler entsprechend den dort gegebenen methodischen Hinweisen variabel und situationsangemessen eingesetzt werden können.

Am Ende eines jeden Stundenblattes finden sich Verweise auf zusätzliche Übungsformen, die in Kapitel 3 beschrieben sind.

Literaturhinweise

1 Buckmüller, K. / Feiks, D. / Unmuth, W.: Stundenblätter Kopfrechnen 1.–4. Schuljahr, Stuttgart 1983, S. 8 f.
2 Vgl. dazu Leutenbauer, H.: Das praktische Übungsbuch für den Mathematikunterricht in der Grundschule, Donauwörth 1980, S. 15 f.
3 Aebli, H.: Grundformen des Lehrens, Stuttgart [10]1977, S. 238
4 Parreren, C. van: Lernen in der Schule, Weinheim 1972[4], S. 31 f.
5 Odenbach, K.: Die Übung im Unterricht, Hannover 1963, S. 34 f.
6 Heckhausen, H.: Förderung der Lernmotivation und der intellektuellen Fähigkeit. In: Roth, H.: Begabung und Lernen, Stuttgart [4]1968, S. 196
7 Grell, J. / Grell, M.: Unterrichtsrezepte, München 1979, S. 42

3. Übungsformen für das Kopfrechnen

Damit das Kopfrechnen im Schulalltag nicht zu bloßem Drill absinkt und innerhalb eines angemessenen motivationellen Gesamtrahmens abläuft, gilt es, die dafür notwendigen Übungen möglichst ansprechend zu gestalten und immer wieder zu wechseln. Wir haben in diesem Kapitel eine Reihe möglicher Übungsformen zusammengestellt, um den methodischen Einfallsreichtum des Lesers anzuregen. Diese Sammlung kann und will nicht vollständig sein; vielleicht aber vermag sie gerade dadurch Impulse für eigenes Erfinden und Gestalten zu geben.

Um bei der Fülle der Beispiele eine gewisse Übersichtlichkeit zu wahren, haben wir nach einigen groben Ordnungsgesichtspunkten eingeteilt. Wir sind uns dabei bewußt, daß manche der aufgeführten Übungsformen nicht zwingend nur in einer dieser Schubladen untergebracht werden können.

Es sei noch darauf hingewiesen, daß sich die angebotenen Übungsmöglichkeiten in verschiedenen Sozialformen (frontales Verfahren, Gruppen-, Partner- und Einzelarbeit) und unter Zuhilfenahme verschiedener Medien (Wandtafel, Tageslichtprojektor, Schaubild, Arbeitsblatt, selbst erstellte Materialien) anwenden lassen; wir verzichten darauf, in jedem Einzelfall erneut auf diese Möglichkeiten hinzuweisen.

Kopfrechenübungen ohne besondere Hilfsmittel

Wir haben eingangs darauf hingewiesen, daß wir uns der Strategie des Kopfrechnens immer dann bedienen, wenn wir anstehende mathematische Probleme ohne Zuhilfenahme von Papier und Bleistift bewältigen können. Wenn die Schule solche Lebenssituationen abzubilden versucht, dann wird sie zunächst von Kopfrechenübungen ausgehen, die an keine besonderen Medien und auch an keinerlei Notationsform gebunden sind. Einige Möglichkeiten dazu werden im folgenden vorgestellt.

Übungsform 1: Ziel 100

Zwei Schüler addieren abwechselnd eine Zahl zwischen 1 und 10, bis die Zahl 100 erreicht ist. Wer mit seiner Additionsaufgabe 100 erreicht, ist Sieger.

Übungsform 2: Ziel 1000

Zwei Schüler addieren abwechselnd eine Zahl zwischen 1 und 100, bis die Zahl 1000 erreicht ist. Wer mit seiner Additionsaufgabe das Ziel 1000 erreicht, ist Sieger.

Übungsform 3: Zahlen ergänzen

Ein Schüler nennt eine Zahl bis 1000 (10000, 100000, 1000000...), die von einem anderen Schüler auf 1000 (10000, 10000, 1000000...) zu ergänzen ist.

Beispiele: 892 bis   1000 fehlen   108
              7250 bis   10000 fehlen   2750
            82420 bis 100000 fehlen 17580

Übungsform 4: Ergänzungsaufgaben mit Größen

Ein Schüler macht eine Größenangabe, die von einem anderen Schüler bis zu einer vorgegebenen Größe zu ergänzen ist.

Beispiele: 24 l, bis zu 1 hl fehlen 76 l
            56 m², bis zu 1 a fehlen 44 m²
            125 cm³, bis zu 3 dm³ fehlen 2875 cm³

Übungsform 5: Additionskette

Zu einer vorgegebenen Zahl wird immer dieselbe Zahl addiert, bis eine bestimmte Endzahl erreicht oder überschritten wird.

Beispiele: 2500 + 1200 = 3700; 3700 + 1200 ... 15500
            7 m² 15 dm² + 25 dm² = 7 m² 40 dm²; 7 m² 40 dm² + 25 dm²
            ... 12 m² 65 dm²

Übungsform 6: Subtraktionskette

Von einer vorgegebenen Zahl wird eine andere so lange subtrahiert, bis der Minuend kleiner als der Subtrahend ist.

Beispiel: $10\,000 - 800 = 9200;\ 9200 - 800 = \ldots\ 1200 - 800 = 400$
$8,750\,\text{kg} - 0,3\,\text{kg} = 8,450\,\text{kg};\ 8,450\,\text{kg} - 0,3\,\text{kg}$
$\ldots\ 0,350\,\text{kg} - 0,3\,\text{kg} = 0,05\,\text{kg}$

Übungsform 7: Kettenrechnungen

Aufgabenstellungen aus dem Bereich der Grundrechenarten werden zu Kettenaufgaben verbunden.

Beispiele: $200 + 140\ /\ \cdot\, 2\ /\ {-}400\ /\ :7 = 40$
$1\,\text{km}\ \ 800\,\text{m} + 3200\,\text{m}\ /\ \cdot\, 3\ /\ :5\ /\ {-}2,7\,\text{km} = 300\,\text{m}$

Übungsform 8: Nachbaraufgaben

Ein Schüler nennt eine Zahl. Gesucht wird die nächstkleinere und die nächsthöhere Einmaleinsaufgabe (Sechserzahl, durch 9 teilbare Zahl, Primzahl...).

Beispiele: $32 = 4 \cdot 8 \leftarrow \textcircled{34} \rightarrow 35 = 7 \cdot 5$
$104 = 13 \cdot 8 \leftarrow \textcircled{107} \rightarrow 112 = 14 \cdot 8$
$270 = 9 \cdot 30 \leftarrow \textcircled{272} \rightarrow 279 = 9 \cdot 31$

Übungsform 9: Tap

Die Schüler sitzen im Kreis. Es wird von 1 an aufwärts gezählt. Jeder Schüler, der an eine Fünferzahl (durch 7 teilbare Zahl, Primzahl, Quadratzahl von 2...) kommt, ruft „tap". Wer einen Fehler macht, scheidet aus.

Beispiel: 1, 2, 3, 4, tap, 6, 7, 8, 9, tap, 11, 12, ...

Übungsform 10: Pingpong

Ein Schüler nennt eine Aufgabe aus einem vorher vereinbarten Themenbereich und ruft einen Klassenkameraden auf. Kann dieser die gestellte Aufgabe lösen, darf er eine neue Aufgabe nennen und einen Mitschüler aufrufen.

Beispiel:

1. Schüler Aufgabenstellung:	12% von 600 DM
2. Schüler Aufgabenlösung:	12% von 600 DM = 72 DM
2. Schüler Aufgabenstellung:	3% Rabatt von 19,00 DM
3. Schüler Aufgabenlösung:	3% Rabatt von 19,00 DM = 57 Pf
usw.	

Übungsform 11: Rechentennis

Die Schüler sitzen im Kreis. Jeder denkt sich eine Aufgabenstellung aus einem vorher vereinbarten Themenbereich aus. Ein Schüler nennt eine Aufgabe und wirft demjenigen Mitschüler, der diese Aufgabe lösen soll, einen Gegenstand (Schwamm, Tuch o. ä.) zu. Kann der Aufgeforderte die Aufgabe lösen, darf er seinerseits das Tennisspiel fortsetzen.

Beispiel:

1. Schüler Aufgabenstellung:	$\frac{1}{3} + \frac{1}{4} =$
2. Schüler Aufgabenlösung:	$\frac{1}{3} + \frac{1}{4} = \frac{7}{12}$
2. Schüler Aufgabenstellung:	$1\frac{3}{4} - \frac{3}{2} =$
3. Schüler Aufgabenlösung:	$1\frac{3}{4} - \frac{3}{2} = \frac{1}{4}$

Übungsform 12: Eckenwandern

In jede Ecke des Klassenzimmers stellt sich ein Schüler. Die anderen Schüler dürfen den vier Mitschülern Aufgaben aus einem vorher vereinbarten Themenbereich stellen. Wer die jeweilige Aufgabe als erster gelöst hat, darf eine Ecke weiter wandern. Gewonnen hat, wer als erster wieder in „seiner" Ecke ankommt.

Übungsform 13: Immer 5

Jeder Schüler denkt sich eine Zahl aus dem Zahlenraum 1–100. Mit dieser Zahl wird wie folgt weitergerechnet:
gedachte Zahl / + 7 / · 2 / − 4 / : 2 / − gedachte Zahl = 5

Beispiele:
 8 / + 7 / · 2 / − 4 / : 2 / − 8 = 5
26 / + 7 / · 2 / − 4 / : 2 / − 26 = 5

Übungsform 14: Zeitrechnen

Alle Schüler stehen. Ein Schüler (oder der Lehrer) stellt eine Kopfrechenaufgabe aus einem vereinbarten Themenbereich und ruft einen Mitschüler auf, der sie zu lösen hat. Vermag er die Aufgabe zu lösen, darf er sich auf seinen Stuhl setzen. Sobald alle Schüler sitzen, wird die Zeit gestoppt, die für diesen Durchgang benötigt wurde. An den folgenden Tagen können Versuche zur Zeitverbesserung unternommen werden.

Übungsform 15: Wettrechnen

Die Klasse wird in zwei gleich große Gruppen aufgeteilt. Alle Schüler stehen. Ein Schüler (oder der Lehrer) stellt eine Kopfrechenaufgabe aus einem vereinbarten Themenbereich. Wer die Aufgabe als erster löst, darf sich auf seinen Stuhl setzen. Sieger ist die Gruppe, deren Teilnehmer als erste sitzen.

Übungsform 16: ‚Hellsehen'

Ein Schüler denkt sich eine Zahl, mit der nach folgender Operation verfahren wird:
gedachte Zahl + (2 · 10) / + 5 / − 20 = gedachte Zahl + 5
Beispiele:
22 + (2 · 10) / + 5 / − 20 = 27
97 + (2 · 10) / + 5 / − 20 = 102

Vom Ergebnis her kann man als ‚Hellseher' auf die gedachte Zahl schließen.

Übungsform 17: Rätsel

Beispiel 1: Ich kenne eine Zahl,
die ist 'ne rechte Qual:
kann rechnen wie ich will,
's Ergebnis ist nicht viel,
entweder meine Zahl
ist mal der Lösung Fall
oder – was für mich leichter ist –
das ganze Rechnen gar nichts nützt. (Lösung: Die Zahl heißt 0)

Beispiel 2: Onkel Fritz hat einen Bauernhof. Er hat in einem Freigehege Hühner und Kaninchen; insgesamt 15 Tiere. Klaus, der zu Besuch ist, zählt insgesamt 48 Beine. (Lösung: 9 Kaninchen und 6 Hühner)

Beispiel 3: Ich denke mir eine Zahl; wenn ich zu dieser Zahl $4 \cdot 50$ addiere, erhalte ich $50 \cdot 7$. (Lösung: die gedachte Zahl ist 150)

Beispiel 4: Versuche herauszufinden, nach welchem Gesetz die nachfolgenden Zahlen von 1 bis 9 geordnet sind:
$8 - 3 - 1 - 5 - 9 - 6 - 7 - 4 - 2$ (Lösung: die Zahlen sind nach dem Alphabet, d.h. nach den Anfangsbuchstaben, geordnet; Bs.: **A**cht)

Beispiel 5: Zu einem Hutmacher kommt ein Käufer und ersteht einen Hut zum Preis von 15 DM. Er bezahlt mit einem 50-Mark-Schein. Da der Hutmacher nicht genügend Kleingeld hat, wechselt er den Schein beim Nachbarn. Als der Käufer fort ist, kommt der Nachbar und beweist dem Hutmacher, daß der 50-Mark-Schein falsch ist. Der Hutmacher muß die 50 DM an den Nachbarn zahlen. Außerdem ist er den Hut los und die 35 DM, die er dem Betrüger ausgezahlt hat. Das ergibt einen Verlust von 100 DM, oder nicht?

Übungsform 18: Scherzaufgaben

Zur Auflockerung des Unterrichts bieten sich Scherzaufgaben an.

Beispiel 1: Welches dreisilbige Wort hat 26 Buchstaben? (Lösung: das Alphabet)

Beispiel 2: Ein Fernfahrer benötigt für die Strecke von Stuttgart nach Hamburg in der Nacht genau 8 Stunden. Auf der Rückfahrt nimmt er einen Kollegen mit, der genauso schnell fährt wie er. Wie lange brauchen sie nun?

Beispiel 3: Zwei Buben machen einen Wettlauf. Otto benötigt 95 Sek. und Rudi 1 Min. 35 Sek. für die Strecke. Wer ist erster?

Beispiel 4: Mutter kocht ein Ei in genau 5$^1/_2$ Minuten. Wie lange braucht sie für drei Eier?

Beispiel 5: Was ist leichter? 1 dz Bettfedern oder 100 kg Kartoffeln?

Beispiel 6: Klaus bekommt von seinem Lehrer eine fürchterliche Hausaufgabe. Er soll schätzen und feststellen, wieviel Rillen eine Langspielplatte hat. (Lösung: 2, nämlich eine vorn und eine hinten)

Beispiel 7: In Rom treffen sich zwei Päpste, um über die Verteilung der Geldmittel des Vatikans zu beraten. Der eine fordert 50% der Einnahmen, der andere die Hälfte. Wie wird geteilt? (Lösung: überhaupt nicht, denn es gibt nur einen Papst)

Beispiel 8: Ich kenne einen Bruch; wenn man unten etwas wegnimmt, wird er oben automatisch erweitert. (Lösung: der Steinbruch)

Beispiel 9: Unglaublich und doch wahr: Wenn man von einer Million eins wegnimmt, bleibt nichts mehr übrig. (Lösung: 1̶ 000 000)

Übungsform 19: Erstaunliches und Perplexes

Aufgaben dieser Art vermögen so etwas wie einen „kognitiven Konflikt" auszulösen und bieten von daher einen besonderen Anreiz.

Beispiel 1:
In Aladins Heimat wurde ein Richter in einer Erbsache gerufen, bei der sich die Erben nicht einig wurden. Das Testament des verstorbenen Vaters hatte bestimmt: Der erste Sohn sollte $\frac{1}{2}$, der zweite Sohn $\frac{1}{3}$ und der dritte Sohn $\frac{1}{9}$ erben. Der Vater hatte 17 Kamele hinterlassen, und seine Söhne waren ratlos. Der kluge Richter aber, der selbst auf dem Kamel gekommen war, wußte rasch Rat: Er stellte die 17 Kamele in eine Reihe und sein eigenes als 18. dazu, und begann zu teilen.

Beispiel 2:
Der Zwerghase von Fritz ist entlaufen. Er sieht ihn über die Wiese auf den Wald zu hoppeln. Er rennt hinterher. Fritz ist doppelt so schnell wie der Hase, der einen Vorsprung von 100 m hat. Fritz rennt und rennt, aber nach 100 m Lauf hat der Hase schon wieder einen Vorsprung von 50 m, nach weiteren 50 m Lauf schon wieder 25 m Vorsprung. Der Hase ist also immer schon weiter als Fritz, und er kann ihn nicht einholen... Enttäuscht geht Fritz heim.

Beispiel 3:
Christian Goldbach (1690–1764) hat schon 1742 vermutet, daß man jede gerade Zahl, die größer als 2 ist, als die Summe von zwei Primzahlen darstellen kann. Prüfe an der unten stehenden Reihe, ob Goldbach recht hat, und setze seinen Versuch fort!

$$10 = 5 + 5$$
$$12 = 7 + 5$$
$$14 = 7 + 7$$
$$16 = 11 + 5$$

Beispiel 4:
Der Sage nach wollte ein mittelalterlicher König, der nicht lesen und schreiben konnte, das ‚königliche Spiel' (das Schachspiel) erlernen. Endlich fand er einen Lehrer, der ihm das Spiel beibrachte. Als Belohnung dafür bat sich der bescheidene Mann aus:
Ich wünsche mir ein Schachspiel. Auf dem ersten Feld soll ein Weizenkorn liegen, auf dem zweiten Feld das Doppelte, also zwei Körner, auf dem dritten Feld wieder das Doppelte, also vier Körner, usw. Konnte der König den Wunsch erfüllen?

(Lösung: Allein auf das letzte Feld wären ca. $1,8 \cdot 10^{19}$ Körner zu legen. Wenn ein Korn nur $\frac{1}{10}$ g wiegt, wären das immerhin

$$1,8 \cdot 10^{18} \text{ g} \quad \text{oder}$$
$$1,8 \cdot 10^{15} \text{ kg oder}$$
$$1,8 \cdot 10^{12} \text{ t}$$

Das sind 1 800 000 000 000 oder 1,8 Billionen t Weizen!)

An Veranschaulichungsmittel gebundene Kopfrechenübungen

Wir sind bei unseren Überlegungen davon ausgegangen, daß wir uns im privaten und beruflichen Alltag des Kopfrechnens immer dann bedienen, wenn wir glauben, ein mathematisches Problem ohne Zuhilfenahme von Papier und Bleistift lösen zu können. Die Schule hat auf solche Situationen vorzubereiten. Dazu hat man Medien entwickelt, die den Schüler zum Kopfrechnen herausfordern. Um hierbei einen entsprechend hohen motivationalen Gesamtrahmen zu schaffen, wird vom Lehrer verlangt, daß er an der Wandtafel mit einfachen Techniken und bunter Kreide, am Tageslichtprojektor mit Deckfolien und beweglichen Teilen, auf Plakatkarton mit Farben und Formen und auf Arbeitsblättern mit einfachen bildnerischen Gestaltungselementen umzugehen versteht. Im folgenden werden dazu einige Vorschläge unterbreitet, die sich in unserer Unterrichtsarbeit bewährt haben.

Übungsform 20: Rechenuhr

An den Rechenuhren lassen sich Aufgabenstellungen zu den vier Grundrechenarten sowie zu den Größen in gebundener, aber auch in offener Form gewinnen.

Beispiel 1:

Mögliche Aufgabentypen:
$$4 + 14 =$$
$$14 - \ 4 =$$
$$4 \cdot 14 =$$
$$14 : \ 4 =$$

Beispiel 2:

Der Uhrzeiger wird einmal um die Achse gedreht; das Ergebnis der Kettenoperation ist zu nennen.

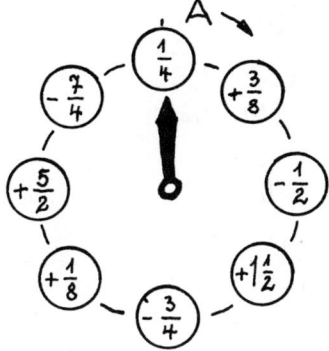

Übungsform 21: Rechenkreis

Beispiel 1:

Durch Zeigen sind Aufgabenstellungen möglich, die sich nach steigendem Schwierigkeitsgrad anordnen lassen:

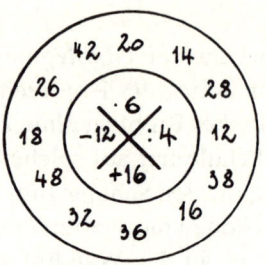

$6 \cdot 20 =$

$28 : 4 =$

$48 - 12 =$

$32 + 16 =$

usw.

$6 \cdot 12 \ / + 14 =$

$48 : 4 \ / \cdot 6 \ / - 32 =$

usw.

Beispiel 2:

Durch Zeigen wird die jeweilige Aufgabe gestellt:

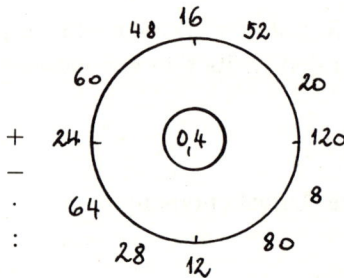

$64 + 0,4 =$

$16 : 0,4 =$

$0,4 \cdot 120 =$

$28 - 0,4 =$

usw.

Beispiel 3:

Durch Zeigen wird die jeweilige Aufgabe gestellt:

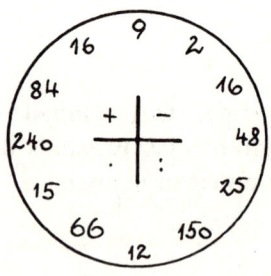

$84 : 2 \ / - 12 =$

$48 : 16 \ / \cdot 240 \ / : 2 =$

usw.

Beispiel 4:

Die Schüler haben Aufgaben zu bilden, zu denen die Operationszeichen frei zu wählen sind oder durch Zeigen bestimmt werden. Die im Kreis stehende Zahl hat jedoch in jeder Aufgabe vorzukommen:

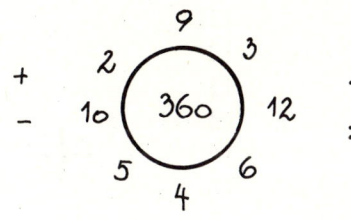

$360 \cdot 5 = 1800$
$360 : 12 = 30$
$10 \cdot 12 \ / \cdot 3 = 360$
$360 : 9 \ / : 10 = 4$
usw.

Übungsform 22: Rechenknoten

Es wird auf eines der Zeichen gezeigt und ein Schüler aufgefordert, eine Rechenaufgabe zu suchen, deren Lösung die im Knoten stehende Zahl ergibt:

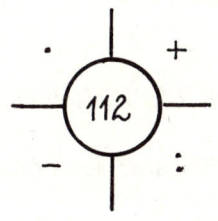

$2 \cdot 56 = 112$
$200 - 88 = 112$
usw.

Diese Übungsform eignet sich auch für folgende Aufgabentypen:

$84 + ? = 112$
$156 - ? = 112$
$4 \cdot ? = 112$
$560 : ? = 112$

Übungsform 23: Rechenkreuz

2	11		12	3 m³ 150 dm³
3	12		15	$\frac{4}{5}$ m³
4	13		22	0,250 m³
5	14		25	1200 dm³
6	15		28	$1\frac{1}{2}$ m³
7	16		36	$\frac{3}{4}$ m³
8	17		48	1,750 m³
9	18		64	125 dm³
10	19		88	2 m³ 50 dm³

$$+\ |\ -$$
$$\cdot\ |\ :$$

Durch Zeigen lassen sich Aufgabenstellungen zu den Grundrechenarten gewinnen:

$$48 + 8 \ =$$ $$4 \cdot \tfrac{4}{5}\ \text{m}^3 =$$
$$7 \cdot 12 =$$ $$0{,}250\ \text{dm}^3 : 5 =$$
$$36 : 9 \ =$$ $$1200\ \text{dm}^3 \cdot 15 =$$
$$64 - 7 \ =$$ $$1\tfrac{1}{2}\ \text{m}^3 : 3 =$$

Übungsform 24: Zielscheibe

Die Leerstellen sind auszufüllen!

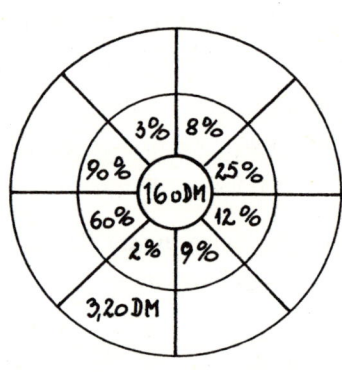

Übungsform 25: Kreiseltreiben

Eine Reihe von Zahlen sind kreisförmig um eine Zahl angeordnet, die es zu treffen gilt. Die vier Grundrechenoperationen dürfen dabei angewandt werden.

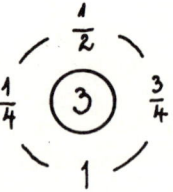

Beispiel:

$$\tfrac{1}{2} + \tfrac{3}{4} = \tfrac{5}{4} \qquad \tfrac{5}{4} + 1 = \tfrac{9}{4} \qquad \tfrac{9}{4} + \tfrac{1}{4} = \tfrac{10}{4} \qquad \tfrac{10}{4} + \tfrac{1}{2} = ③$$

26

Übungsform 26: Rechenfächer

Die Leerstellen sind auszufüllen.

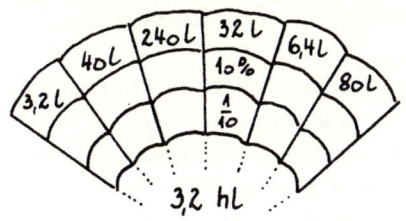

Übungsform 27: Rechenstern

Beispiel 1:

Die fehlenden Summanden in den sechs
Strahlen sind zu ergänzen.

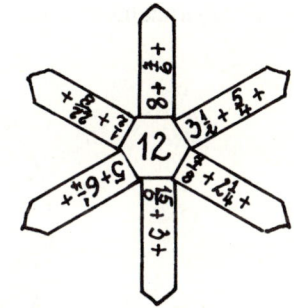

Beispiel 2:

In die Sechsecke sind die Differenzen
zwischen den jeweils zugeordneten Zahlen einzutragen.

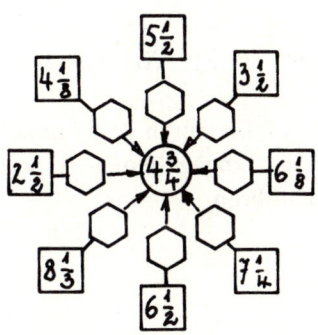

Übungsform 28: Rechenrad

An diesem Medium lassen sich sehr unterschiedliche Aufgabentypen zum Kopf-
rechnen gewinnen:
- Verknüpfe die nebeneinanderstehenden Zahlen mit + / − / · / : !
- Verknüpfe die gegenüberliegenden Zahlen mit + / − / · / : !
- Nenne den Unterschied zwischen den nebeneinanderstehenden Zahlen!
- Nenne den Unterschied zwischen den gegenüberliegenden Zahlen!
- Suche alle Zahlen zur Sechserreihe!
- Suche alle geraden (ungeraden) Zahlen, und addiere sie!
- Suche alle Primzahlen, und suche dazu die benachbarten Einmaleinszahlen!

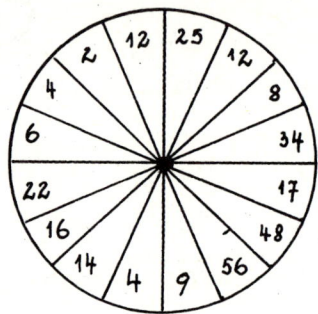

Übungsform 29: Rechentunnel

Ein Zug fährt durch den Tunnel; dabei
sind die angegebenen Operationen
durchzuführen.

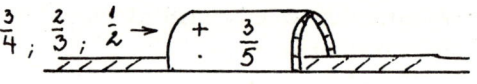

Übungsform 30: Bruchmühle

Die auf der Mühle angeschriebene Operation ist mit den einzufüllenden Zahlen
durchzuführen.

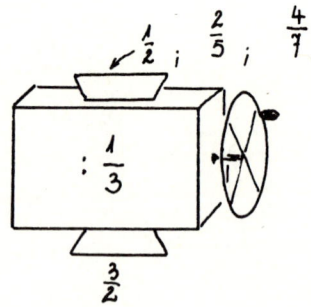

Übungsform 31: Halbier- und Verdoppelungsmaschine

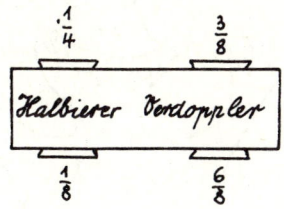

Übungsform 32: Unterbrochene Kette

Der fehlende Teil einer Operation ist zu ergänzen.

Beispiele: $12 \cdot 0,5 \ / + 30 \ / - 19 \ / : \bigcirc \ / + 5,3 = 15,3$
   $14\,500 \cdot 2 \ / + 3\,000 \ / : 4 \ / - \bigcirc \ = 7599$

Übungsform 33: Roboter

Stelle jeweils die Differenz zu der im Elektronengehirn gespeicherten Zahl des Roboters fest!

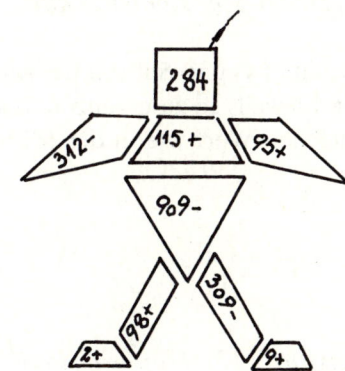

Übungsform 34: Flächenschlucker

Welche Fläche hat der Flächenschlucker vertilgt?
Wieviel muß er noch fressen, um 5 ha zu erreichen?

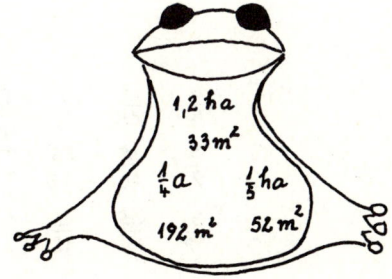

Übungsform 35: Zahlenmonster

Wieviel hat das Zahlenmonster gefressen?
Wieviel muß es noch fressen, bis es sich 15 einverleibt hat?

Übungsform 36: Zahlenqualle

Die Additions- und Subtraktionsaufgaben sind jeweils so zu ergänzen, daß sie den gleichen Wert wie in der Mitte erhalten.

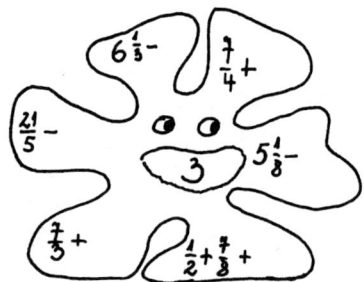

Übungsform 37: Hindernislauf

Lasse die Brüche vom Start aus über das zugehörige „Kürzhindernis" laufen, und ordne den gekürzten Bruch in den richtigen Zielraum ein!

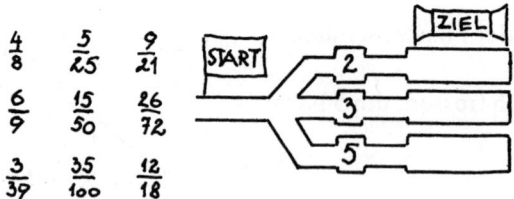

Übungsform 38: Rechentopf

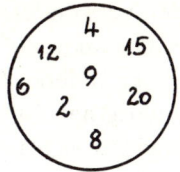

Für jeweils 2 (3; 4) Zahlen im Topf ist
der Hauptnenner zu suchen.

Übungsform 39: Hasenjagd

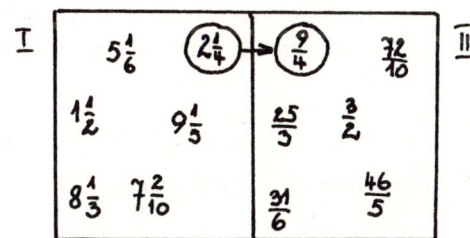

Die im Feld I befindlichen gemischten
Zahlen sind den im Feld II vorgegebenen Lösungen zuzuordnen.

Übungsform 40: Weinprobe

Wenn du den Inhalt der Weinflasche
gleichmäßig auf die Gläser verteilst,
wieviel l Wein befinden sich dann in jedem der Gläser?

Übungsform 41: Zahlenjagd

Die Klasse wird in drei bis fünf Gruppen eingeteilt. Jeder Gruppe gehört eine der
ausgebrachten Zahlentafeln.

Gruppe 1		Gruppe 2		Gruppe 3	
5	25	2	36	3	35
6	27	4	54	7	50
9	49	10	62	8	51
11	62	12	73	12	63
14	80	23	84	14	88

Die Mitglieder jeder Gruppe dürfen mit den Zahlen ihrer Tafel Aufgaben nach den
Grundrechenoperationen durchführen. Jede der Zahlen darf mehrmals, aber nicht

hintereinander, verwendet werden. Es gilt ein Rechenergebnis zu erzielen, das einer Zahl in einer der anderen Tafeln entspricht. Wird eine solche Zahl errechnet, so kann man sie der anderen Gruppe wegwischen oder durchstreichen. Wer nur noch zwei Zahlen übrig hat, ist der Verlierer.

Die Zahlenjagd läßt sich auch in einer Kleingruppe durchführen; in diesem Fall verfügt jeder Schüler über eine Zahlentafel.

Beispiel: Ein Schüler der Gruppe 1 rechnet $9 \cdot 6 = 54$. Diese Zahl darf auf der Tafel der Gruppe 2 gelöscht oder durchgestrichen werden und geht damit für weitere Operationen verloren.

Übungsform 42: Zahlentreffen

Ein Schüler notiert auf der Rückseite eines Flügels der Wandtafel eine Zahl. Mitschüler haben diese Zahl durch Additions- und Subtraktionsaufgaben möglichst zu treffen. Nach jeder Aufgabe wird angegeben, ob das Ergebnis zu hoch oder zu tief liegt.

Beispiel: Gedachte Zahl $= 163$
1. Schüler: $90 + 85 = 175$ Antwort: zu hoch
2. Schüler: $108 + 44 = 152$ Antwort: zu tief
    usw.

Übungsform 43: Zahlenstrahl

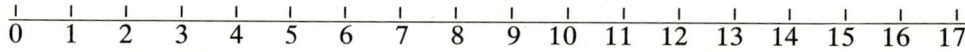

An diesem Medium lassen sich eine Fülle von Aufgabenstellungen gewinnen:
– Zeige das Ergebnis von $63 + 51$!
– Zeige das Ergebnis von $78 - 36$!
– Zeige das Ergebnis von $6 \cdot 12$!
– Zeige die Quadratzahlen von 1 bis 20!
– Zeige alle Primzahlen!
– Zeige die Folge 4, 9, 14 ...!
    usw.

Übungsform 44: Zahlenband

An diesem Medium lassen sich ähnliche Aufgabenstellungen wie am Zahlenstrahl gewinnen.

| 1 | 2 | 3 | 4 | 5 | 6 | 7 | 8 | 9 | 10 | 11 | · · ·

Übungsform 45: Zahlentürme vergleichen

Welcher der Zahlentürme hat die höchste (niedrigste) Summe?

$\frac{1}{5}$ $\frac{7}{8}$ $4\frac{1}{4}$
0,8 1,25 1,25
$1\frac{1}{4}$ $\frac{1}{2}$ $\frac{1}{2}$
$\frac{1}{2}$ 3,75 $\frac{1}{8}$
$3\frac{1}{4}$ $2\frac{1}{8}$ 0,75

Übungsform 46: Einmaleinsrahmen

Durch Zeigen werden Aufgaben gestellt.

Beispiele:
a) $6 \cdot 14 =$
b) $8 \cdot 60 =$

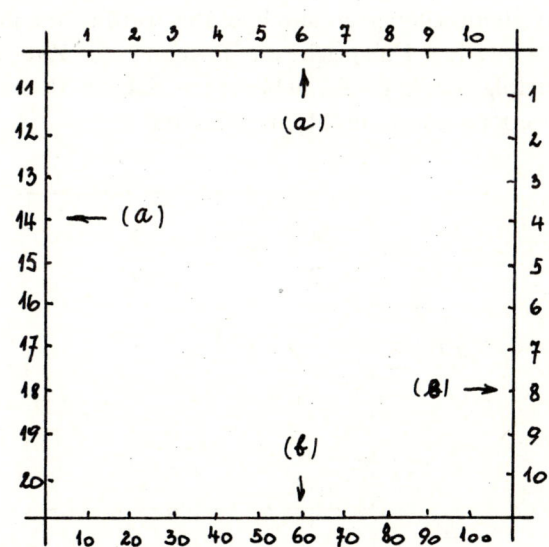

33

Übungsform 47: *Rechenfelder*

Zwei Zahlen auf dem Feld A sollen so miteinander verknüpft werden, daß das Ergebnis einer Zahl aus dem Feld B entspricht.

Beispiele:
$212 : 4 = 52$
$99 : 33 = 3$

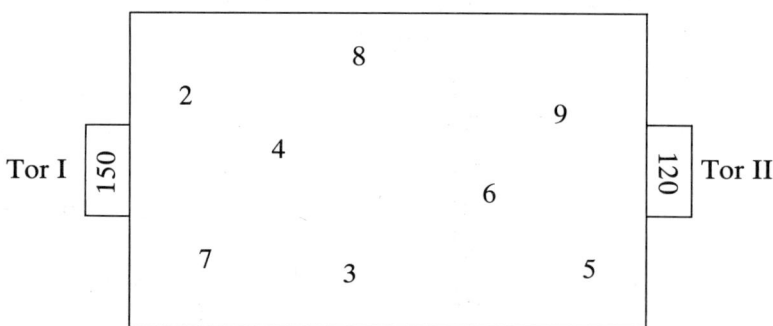

Feld A		Feld B	

```
        12      1840       384
            9                      719
                    99       52
                 4                  3
        212
                    81
            33                    1745
              95
        32
             A                  B
```

Übungsform 48: *Rechenfußball*

Aus Schülern werden zwei Mannschaften gebildet. Jede Mannschaft versucht das gegnerische Tor zu treffen, indem mit den Zahlen im Feld Rechenoperationen zu den Grundrechenarten durchgeführt werden, die im Sinne von Kettenaufgaben gebildet werden. Entspricht das Ergebnis der Zahl im gegnerischen Tor, so ist ein Torerfolg erzielt. Es gilt zu beachten, daß die Mannschaften jeweils im Wechsel eine Rechenoperation durchführen dürfen.

```
                        8
            2
                               9
Tor I  150        4
                        6        120  Tor II
            7
                3            5
```

Beispiele:

Mannschaft I: $7 \cdot 8 = 56 \;/\; 56 \cdot 2 = 112 \;/\; 112 + 8 = 120$ (Tor)

Mannschaft II: $4 \cdot 8 = 32 \;/\; 32 \cdot 5 = 160 \;/\; 160 - 8 = 152 \;/\; 152 - 2 = 150$ (Tor)

Kopfrechenübungen mit Notation der Ergebnisse

Kopfrechenübungen mit der Aufforderung zu freier oder gebundener Notation der gefundenen Ergebnisse erweitern nicht nur das Repertoire der Übungsformen, sondern sie bieten dem Lehrer zugleich leicht faßbare und auswertbare Rückmeldungen über den Stand der beim Schüler erreichten Rechenfertigkeiten. Die bereits genannten Übungsformen der Zielscheibe, des Rechenfächers, des Rechensterns, die Maschinenmodelle oder der Hindernislauf lassen sich methodisch auch so einsetzen, daß man sie zu den Kopfrechenübungen mit Notation der Ergebnisse zählen kann; wir glauben allerdings, auf eine nochmalige Darstellung dieser Übungsvarianten verzichten zu können.

Übungsform 49: Rechendiktat

Der Lehrer stellt Kopfrechenaufgaben zu einem vorher vereinbarten Themenbereich. Die Ergebnisse haben die Schüler auf einem Zettel entsprechend der Aufgabennummer zu notieren. Dann werden die Zettel mit dem Banknachbarn getauscht und die Ergebnisse nach den Angaben des Lehrers korrigiert.

Übungsform 50: Versteckte Zahlen

Der Lehrer liest einen Text vor (oder schreibt ihn an die Tafel), in dem mit Buchstaben ausgeschriebene Zahlen versteckt sind. Die Schüler haben diese Zahlen zu finden und nach vorgegebenen Operationen zu verknüpfen.

Beispiel: *Eins*t spielten *neun acht*bare Musiker auf dem Kla*vier drei*mal *zwei*felhafte Melodien.

$$1+9+8+4+3+2=$$
$$1 \cdot 9 \cdot 8 \cdot 4 \cdot 3 \cdot 2=$$

Übungsform 51: Ziel Null

Den Schülern wird eine Reihe von Zahlen vorgegeben. Sieger ist, wer durch operative Verknüpfung dieser Zahlen zuerst die Null erreicht.

Beispiel: 117, 6, 10, 39, 3, 26

Lösungsmöglichkeit:
$$117 : 3 = 39$$
$$39 - 26 = 13$$
$$13 + 3 = 16$$
$$16 - 10 = 6$$
$$6 - 6 = 0$$

Übungsform 52: Rechenkönig

Eine vorgegebene Reihe von Zahlen ist so miteinander zu verknüpfen, daß ein möglichst hohes (möglichst niedriges) Ergebnis erzielt wird. Jede der Zahlen muß einmal, darf aber auch nur einmal verwendet werden. Die Aufgaben sind im Sinne von Kettenaufgaben aneinanderzureihen.

Beispiel: 6, 8, 9, 12, 25, 40. Das niedrigste Ergebnis ist zu suchen.

Lösung 1

$$40 - 25 = 15$$
$$15 - 9 = 4$$
$$4 + 12 = 16$$
$$16 : 8 = 2$$
$$2 + 6 = 8$$

Lösung 2

$$6 \cdot 9 = 54$$
$$54 - 40 = 14$$
$$14 + 12 = 26$$
$$26 - 25 = 1$$
$$1 + 8 = 9$$

Übungsform 53: Ziel 1000

Den Schülern wird eine Reihe von Zahlen vorgegeben. Sieger ist, wer durch operative Verknüpfung dieser Zahlen zuerst 1000 erreicht.

Beispiel: 3, 4, 8, 360, 460

Lösung:
$$360 \cdot 3 = 960$$
$$960 - 460 = 500$$
$$500 : 4 = 125$$
$$125 \cdot 8 = 1000$$

Übungsform 54: Rechenketten

Beispiel 1:

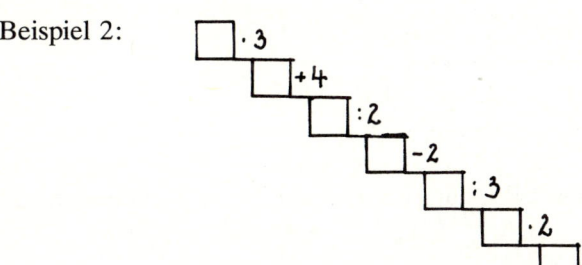

Setze eine beliebige Bruchzahl als Anfangszahl ein! Wenn du richtig gerechnet hast, stimmt die Anfangszahl mit der Endzahl überein.

Beispiel 2:

Setze den Bruch $\frac{3}{8}$ als Anfang in die Rechenkette ein! Wenn du richtig gerechnet hast, erscheint dieser Bruch auch als Endwert.

Beispiel 3:
Setze am Anfang und am Ende die gleiche Bruchzahl ein und verfahre nach
Vorschrift. Wenn du richtig gerechnet
hast, muß sich die Rechenkette schließen.

· 3 =
+4 =
: 2 =
– 2 =
: 3 =
· 2 =

Übungsform 55: Einmaleinstabelle

·	8	2	7	3	5	4	6	9
17								
80								
13								

Übungsform 56: Additionstabelle

+	23	51	62	85	42	92
12						
32						
84						

Tabellen dieser Art lassen sich auch zur Übung der anderen Grundrechenarten verwenden.

Übungsform 57: Tabellen ausfüllen

Ein PKW-Anhänger darf mit 1 t beladen werden. Es wurden nacheinander folgende Lasten transportiert; gib als Bruch, als Dezimalbruch und in Prozent an, wie weit die zulässige Nutzlast jeweils beansprucht wurde.

	Bruch	Dezimalbruch	Prozent
850 kg	$\frac{17}{20}$	0,850	85%
325 kg			
620 kg			
25 kg			
usw.			

Übungsform 58: Tabellen ergänzen

Ein Arbeiter bedient einen Werkzeugautomaten für ein bestimmtes Maschinenteil an den einzelnen Arbeitstagen unterschiedlich lange; daher hat er folgende Tabelle zu führen. Ergänze die fehlenden Angaben!

Tag	Menge	Zeit	Gewicht
Montag	23	138 Min.	920 g
Dienstag	125		
Mittwoch			2160 g
Donnerstag		240 Min.	
Freitag	18		

Übungsform 59: Einordnen in Tabellen

2 kg 400 g	0,875 kg	3 250 g

Ordne die folgenden Aufgabenstellungen jeweils der richtigen Spalte in der Tabelle zu!

3 · 800 g; 5 kg − 1750 g; 7 · 125 g; 1050 g + 1350 g; 2100 g − 1225 g ...

Übungsform 60: Verknüpfungsaufgaben

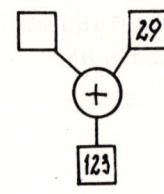

Übungsform 61: Knacks

Die Schüler führen so lange Rechenoperationen durch, bis eine Lösung im Bereich der natürlichen Zahlen nicht mehr möglich ist. Dann bricht die Rechenkette ab und macht „knacks".

$$+16$$
$$\cdot 9 \qquad -7$$
$$:3$$

Beispiel:
$19 - 7 = 12$
$12 : 3 = 4$
$4 - 7 = \text{knacks}$

Übungsform 62: Einmaleinstafel

Die Schüler bekommen ein Arbeitsblatt, auf dem jeweils die Teiler von den in der Mitte angegebenen Zahlen anzukreuzen sind.

7	5	6	3		2	4	8	9
				4	×	×		
				8				
				15				
				16				
				24				
				25				
				28				
				44				
				56				

Übungsform 63: Zahlenfelder

In einem Zahlenfeld soll durch festgelegte Rechenoperationen eine Zielzahl gebildet werden. Die dabei verwendeten Felder sind einzukreisen. Durch Festlegung bzw. Freigabe der Felder und Rechenoperationen läßt sich die Schwierigkeit schrittweise steigern.

Beispiel 1:

Suche 1000! Du darfst jeweils zwei Zahlen in benachbarten Feldern addieren!

244	756	619	381
899	417	583	214
100	111	341	659
309	889	512	488

Beispiel 2:

Suche 1! Du darfst immer zwei oder drei Zahlen in benachbarten Feldern verknüpfen!

+ rot einrahmen
− grün einrahmen
· gelb einrahmen
: braun einrahmen

$\frac{1}{6}$	$\frac{5}{6}$	$1\frac{1}{6}$	$\frac{7}{6}$
3	$\frac{1}{3}$	$\frac{1}{6}$	$\frac{1}{2}$
$\frac{2}{3}$	$1\frac{1}{2}$	$\frac{2}{3}$	$\frac{3}{4}$
$1\frac{1}{3}$	$\frac{1}{9}$	$\frac{4}{5}$	$\frac{2}{8}$

Beispiel 3:

Suche 1 m! Es dürfen jeweils nur zwei Zahlen in benachbarten Feldern verknüpft werden. Alle Grundrechenarten sind erlaubt.

25 cm	4	500 m	$\frac{2}{1000}$
$\frac{1}{4}$	5 dm	$\frac{1}{2}$ m	1,5 m
$\frac{1}{2}$	0,5 m	50 cm	2
8 dm	$\frac{4}{5}$	2,5	40 cm

Übungsform 64: Aufgaben sortieren

Kreise im Aufgabenfeld die Aufgaben mit dem über dem Feld angegebenen Ergebnis ein, die andern darfst du durchstreichen!

| 3% |

18 Pf von 6 DM
         1,20 DM von 40 DM
12 DM von 400 DM
       40 Pf von 12 DM
99 Pf von 35 DM
0,80 DM von 24 DM
           9 Pf von 3 DM
1,24 DM von 14,50 DM

Übungsform 65: Paare bilden

Verbinde jeweils die Aufgabenstellungen, die zum gleichen Ergebnis führen!

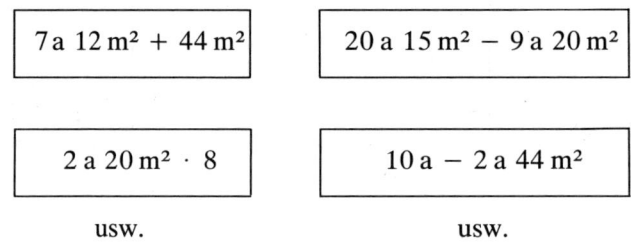

| 7 a 12 m² + 44 m² | | 20 a 15 m² − 9 a 20 m² |
| 2 a 20 m² · 8 | | 10 a − 2 a 44 m² |

     usw.   usw.

Übungsform 66: Rechenkette schließen

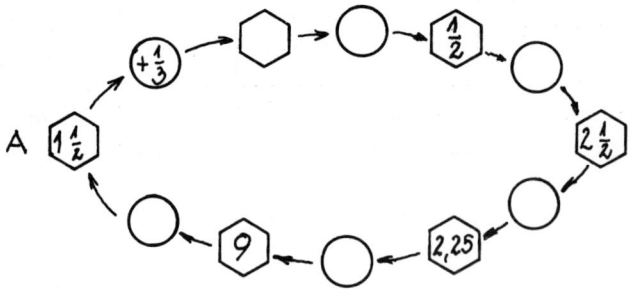

Übungsform 67: Aufgaben korrigieren

Gib an, welche Aufgaben richtig und welche falsch gelöst wurden!

$0,8 + \frac{4}{5} = 1,6$ r
$12,75 - 10,25 = \frac{7}{2}$ f
usw.

Übungsform 68: Leerstellen ausfüllen

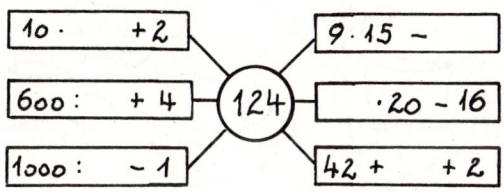

Übungsform 69: Zahlenpyramide

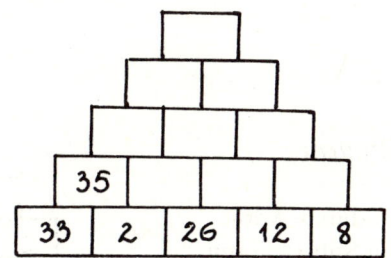

Übungsform 70: Agentensuche

Die Zahlen sagen dir, welche Geheimnummer die Agenten haben. Addiere die nebeneinanderstehenden Zahlen von unten nach oben, dann findest du die Geheimnummer des Agentenchefs!

Übungsform 71: Zahlenturm

Der Turm soll nach oben durch Addieren und nach unten durch Subtrahieren gebildet werden.

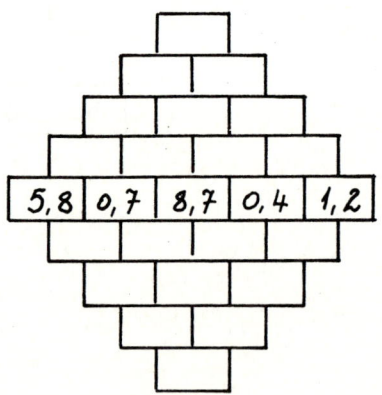

44

Übungsform 72: Zahlenmalerei

Verbinde die angegebenen Brüche nach steigendem Wert. Beginne mit dem kleinsten Wert! Wenn du richtig gearbeitet hast, entsteht ein Bild; drei Brüche bleiben übrig!

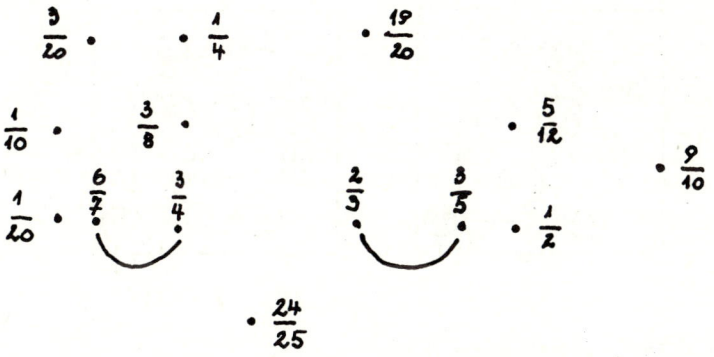

Übungsform 73: Bilderrätsel

Wenn du die Aufgaben richtig ausrechnest und die Brüche in der Reihenfolge der Klammerzahlen verbindest, dann entsteht ein Gegenstand aus der Technik!

$$\frac{2}{12} \quad \frac{2}{3} \quad \frac{5}{4} \quad \frac{1}{6}$$

$$\frac{3}{8} \quad \frac{5}{3} \quad \frac{2}{15} \quad \frac{8}{12}$$

$$\frac{6}{7} \quad \frac{1}{15} \quad \frac{1}{12} \quad \frac{7}{12} \quad \frac{1}{7} \quad \frac{3}{4}$$

(14)	$2 - \frac{29}{15} =$	(9)	$\frac{1}{3} \cdot \frac{1}{2} =$
(2)	$\frac{3}{8} + \frac{2}{8} =$	(7)	$\frac{2}{4} \cdot \frac{4}{3} =$
(3)	$\frac{4}{3} + \frac{1}{3} =$	(6)	$\frac{1}{5} \cdot \frac{2}{3} =$
(8)	$1\frac{1}{2} - \frac{1}{4} =$	(1)	$\frac{2}{7} \cdot 3 =$
(10)	$9\frac{1}{4} - 8\frac{1}{2} =$	(12)	$\frac{1}{4} + \frac{1}{3} =$
(5)	$\frac{4}{3} : 2 =$	(13)	$\frac{1}{3} - \frac{1}{4} =$
(4)	$\frac{6}{12} : 3 =$	(11)	$1 - \frac{6}{7} =$

Übungsform 74: Automatenspiel

Frank und Uta spielen an einem Automaten. Stelle fest, wieviel Punkte jeder von beiden erreicht hat!

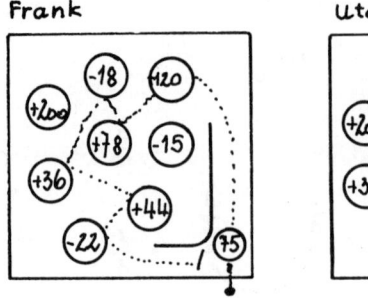

Übungsform 75: Lösungswort suchen

$\frac{1}{4}$ von 2 hl = 50 l $\frac{3}{10}$ von 3,6 hl =

$\frac{1}{5}$ von 90 l = $\frac{8}{10}$ von 70 l =

$\frac{1}{4}$ von 5 hl = $\frac{5}{6}$ von 90 l =

$\frac{2}{3}$ von 120 l = $\frac{3}{8}$ von 88 l =

176 l	165 l	56 l	50 l	108 l	18 l	125 l	75 l	90 l	33 l	225 l	80 l
B	M	L	S	A	I	K	N	V	O	Z	U

Schreibe hinter die jeweilige Lösung den in der Tabelle angegebenen Buchstaben! Wenn du die Aufgaben richtig gelöst hast, kannst du das Lösungswort finden. (NIKOLAUS)

Übungsform 76: Worträtsel

(B) $\frac{1}{3} + \frac{1}{4} =$ (R) $\frac{2}{3} - \frac{1}{4} =$

(E) $\frac{9}{10} - \frac{1}{2} =$ (H) $\frac{11}{12} - \frac{3}{4} =$

(T) $\frac{4}{5} + \frac{1}{10} =$ (S) $\frac{1}{9} + \frac{2}{3} =$

Wenn du die Aufgaben richtig gelöst hast, dann ergeben die Buchstaben nach der Größe (aufsteigend) der Ergebniszahl geordnet das Lösungswort. (HERBST)

Übungsform 77: Zauberquadrat

Waagrecht, senkrecht und diagonal muß
die Summe immer 1 betragen!

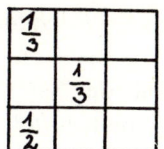

$\frac{1}{3}$		
	$\frac{1}{3}$	
$\frac{1}{2}$		

Übungsform 78: Kreuzzahlrätsel

$\frac{1}{2}$	$+$	$\frac{1}{6}$	$=$	$\frac{2}{3}$
$<$	✕	$\cdot$	✕	$+$
$\frac{3}{4}$	$:$	$\frac{3}{10}$	$-$	$2\frac{1}{2}$
$+$	✕	$=$	✕	$=$
$5\frac{1}{2}$	$=$	$\frac{1}{10}$	$>$	$\frac{19}{6}$

Kopfrechenübungen an Arbeitsmitteln und Lernspielen

Arbeitsmittel wurden zunächst in der Jenaplanschule von Peter Petersen eingesetzt und später in der deutschen Landschulbewegung weiterentwickelt. Petersen nennt diese Unterrichtsmaterialien auch Selbstbildungsmittel und versucht (z.B. beim Rechenkreis oder beim Rechenlotto) Möglichkeiten zur Selbstkontrolle einzubauen. In den wenig oder nichtgegliederten Landschulen waren Arbeitsmittel wichtige Medien, um eine jahrgangsmäßige Unterweisung der Schüler im Sinne einer inneren Differenzierung sicherzustellen. Nachdem durch die Schulentwicklungspläne auch die Hauptschüler fast nur noch in Jahrgangsklassen unterrichtet werden, sind diese Medien etwas in Vergessenheit geraten.

Heute aber müssen wir erkennen, daß Arbeitsmittel im Hinblick auf Übungen zum Kopfrechnen bei Stütz- und Fördermaßnahmen sinnvoll und hilfreich sein können. Die Übergänge zwischen Arbeitsmitteln und Lernspielen sind fließend. Es kommt uns dabei auch nicht auf definitorische Abgrenzungen an, sondern entscheidend sind die Möglichkeiten eines schulpraktischen Einsatzes dieser Medien. Dazu versuchen wir im folgenden einige Anregungen zu geben.

Übungsform 79: Rechenkreis

Die Möglichkeit der Selbstkontrolle ist
bei diesem Arbeitsmittel dadurch gewährleistet, daß sich der Kreis nur dann
schließt, wenn die einzelnen Segmente
richtig aneinandergefügt worden sind.

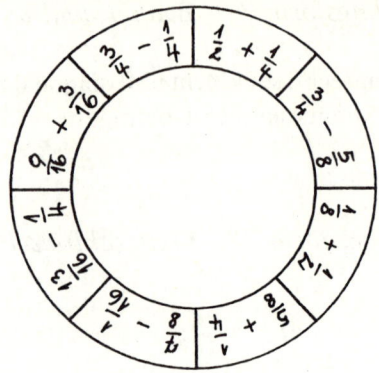

Übungsform 80: Rechendomino

Vom Prinzip her ist das Rechendomino dem Rechenkreis verwandt, denn das Ergebnis auf dem ersten Plättchen entspricht jeweils der ersten Zahl bzw. der zuerst
genannten Größe auf dem folgenden Plättchen.

| A $3a + 27 m^2$ | $327 m^2 - \frac{1}{2} a$ | $277 m^2 - \frac{1}{4} a$ | $252 m^2 + \frac{3}{4} a$ | $327 m^2 + 4a$ | ... |

Übungsform 81: Rechenbahn

Ordne die Plättchen der Rechenbahn nach dem Wert der Bruchzahlen!

| $\frac{1}{25}$ | $\frac{2}{40}$ | $\frac{1}{18}$ | $\frac{2}{25}$ | $\frac{1}{10}$ | ... |

Übungsform 82: Rechenlotto

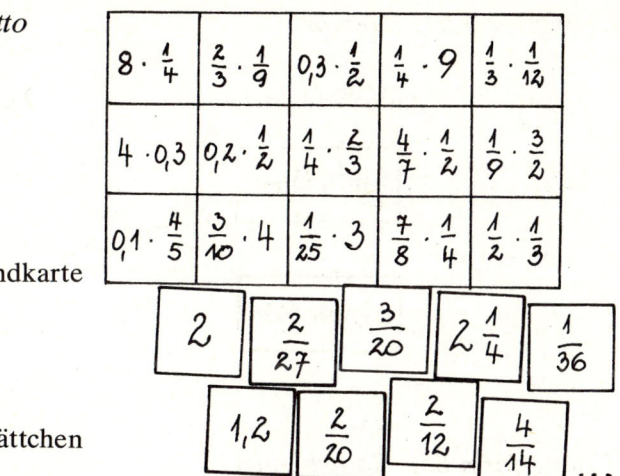

$8 \cdot \frac{1}{4}$	$\frac{2}{3} \cdot \frac{1}{9}$	$0,3 \cdot \frac{1}{2}$	$\frac{1}{4} \cdot 9$	$\frac{1}{3} \cdot \frac{1}{12}$
$4 \cdot 0,3$	$0,2 \cdot \frac{1}{2}$	$\frac{1}{4} \cdot \frac{2}{3}$	$\frac{4}{7} \cdot \frac{1}{2}$	$\frac{1}{9} \cdot \frac{3}{2}$
$0,1 \cdot \frac{4}{5}$	$\frac{3}{10} \cdot 4$	$\frac{1}{25} \cdot 3$	$\frac{7}{8} \cdot \frac{1}{4}$	$\frac{1}{2} \cdot \frac{1}{3}$

Grundkarte

Legeplättchen $\quad 2 \quad \frac{2}{27} \quad \frac{3}{20} \quad 2\frac{1}{4} \quad \frac{1}{36}$

$1,2 \quad \frac{2}{20} \quad \frac{2}{12} \quad \frac{4}{14} \quad \ldots$

Übungsform 83: Zuordnungsspiele

Beispiel 1:

Grundkarte

MCCLXII	
MCMLXXI	
MDCCLIII	

Legeplättchen

1262

1971

1753

Beispiel 2:

Grundkarte

Bruttopreis	Rabatt	Nettopreis
16,50 DM		16,17 DM
340 DM		329,80 DM
1240 DM		1178 DM

Legeplättchen

2 %

3 %

49

Übungsform 84: Memory

Aufgabenkärtchen   Ergebniskärtchen

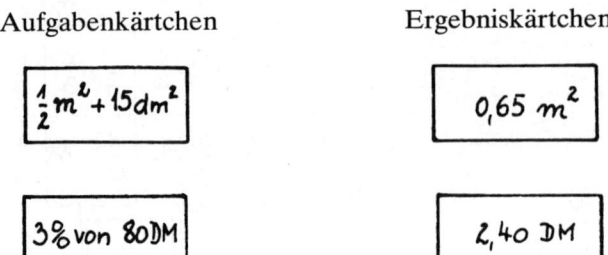

Übungsform 85: Roulettespiel

Beispiel 1:

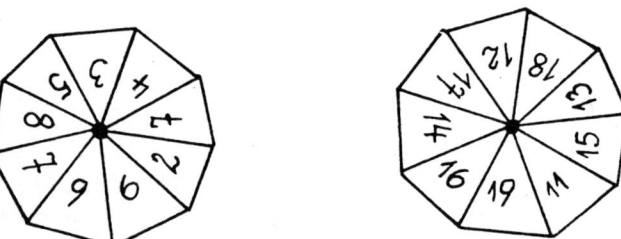

Die von beiden Partnern erzielten Zahlen werden multipliziert.

Beispiel 2:

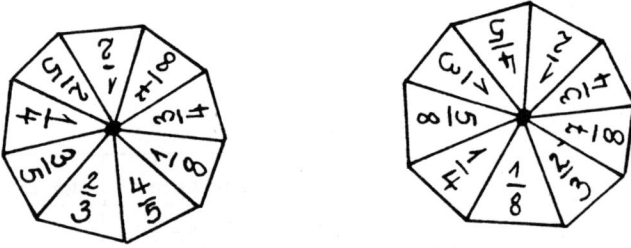

Die von beiden Partnern erzielten Brüche werden addiert / subtrahiert / multipliziert / dividiert.

Übungsform 86: Rechenkarten ziehen

Der Lehrer fertigt aus Plakatkarton Aufgabenkärtchen. Aus einem Stapel Aufgaben ziehen zwei Schüler abwechselnd je eine Karte. Wer die Aufgabe zuerst gelöst hat, erhält das Kärtchen. Sieger ist, wer nach dem Spiel die meisten Kärtchen aufweisen kann.

Beispiele:

$\frac{1}{3}$ von $2,4 \, m^2$

7% von $140 \, DM$

$5\%_0$ von $420 \, DM$

Übungsform 87: Zahlen ablegen

In einer Gruppe von vier Schülern erhält jeder Schüler 20 Karten mit verschiedenen Zahlen: 100–120, 121–140, 141–160 und 161–180. Der Lehrer oder ein Gruppenführer stellt Aufgaben zum großen Einmaleins, z.B. $12 \cdot 14$; $8 \cdot 20$... Derjenige Schüler, der die richtige Karte hat, legt diese in die Mitte des Tisches.

Übungsform 88: Schwarzer Kater

Benötigt werden 33 Karten. Auf 16 Karten sind Aufgabenstellungen aus einem vorher vereinbarten Themenbereich notiert, auf 16 weiteren Karten sind die entsprechenden Lösungen zu finden. Auf eine der Karten wird der „Schwarze Kater" gezeichnet.
Die 33 Karten werden an zwei Mitspieler verteilt. Abwechselnd werden die Karten gezogen. Stimmen Aufgaben- und Ergebniskarte überein, dürfen diese abgelegt werden. Verloren hat, wer am Schluß den „Schwarzen Kater" behält.

Übungsform 89: Paare bilden

Karten werden so beschriftet, daß jeweils einer Aufgabenkarte eine Lösungskarte entspricht. Dabei empfiehlt es sich, die Aufgabenkarten und die Lösungskarten in verschiedenen Farben auszubringen. 20 Aufgabenkarten und 20 Lösungskarten werden offen in die Mitte des Tisches gelegt. Wer von den zwei bis vier Mitspielern die meisten Kartenpaare findet, hat gewonnen.

Beispiel:

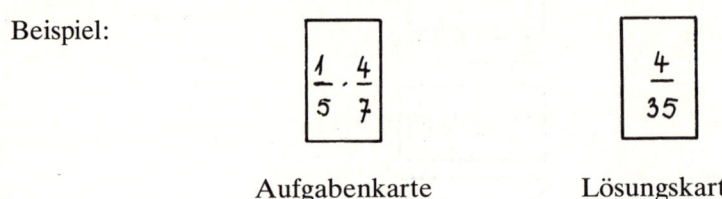

Aufgabenkarte   Lösungskarte

Übungsform 90: Quartette bilden

Karten werden so beschriftet, daß jeweils zwei Aufgabenkarten und zwei Ergebniskarten den gleichen Wert haben. Das Spiel kann in der Gruppe nach der Regel für das Quartettspiel verwendet werden.

Beispiel:

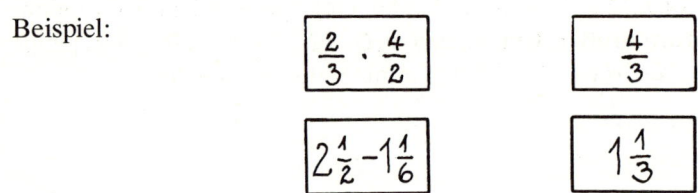

Übungsform 91: Wendekarten

Der Spielleiter einer Dreier- bis Sechsergruppe zeigt nacheinander Karten mit der Aufgabenstellung so, daß das Ergebnis auf der Rückseite nur für ihn sichtbar ist. Derjenige, der die Aufgabe am schnellsten gelöst hat, erhält die Karte als Gewinnschein. Der Spielleiter kann mittels Rückseite kontrollieren. Wer am Ende die meisten Karten hat, ist Sieger.

Beispiel:

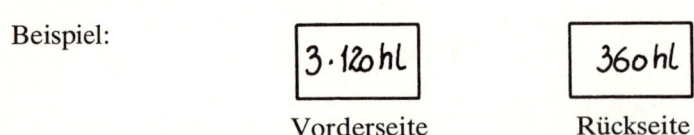

Vorderseite   Rückseite

Die Wendekarte ist ein ausgesprochen vielseitig verwendbares Medium, das sich fast in allen von uns ausgebrachten Themenbereichen anwenden läßt.

Übungsform 92: Lose ziehen

Die Zahlen aus einem bestimmten Zahlenraum, z.B. 40 bis 80, eine Reihe von Bruchzahlen oder eine Reihe von benannten Zahlen werden als Lose auf Zettel geschrieben und in einen Karton gelegt. Drei bis sechs Schüler ziehen abwechselnd je ein Los. Die gezogenen Losergebnisse sind zu addieren. Wer nach der Spielrunde das höchste Ergebnis erzielt hat, gilt als Sieger.

Übungsform 93: Zahlendreiecke legen

Auf farbige Dreieckkärtchen werden in der unten gezeigten Art die Ziffern von 1 bis 10 (von 1 bis 100) geschrieben. Die Kärtchen werden offen auf den Tisch gelegt. Eine Gruppe von Schülern hat, von einem vorgegebenen Bruch ausgehend, Brüche mit gleichem Wert zu bilden.

Beispiel:

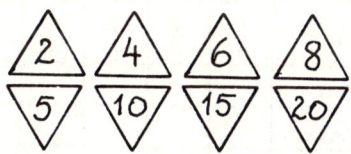

Mit den Dreieckskärtchen lassen sich auch Aufgabenstellungen zum Kürzen oder zum Gleichnamigmachen angehen.

Übungsform 94: Bruchzahlen würfeln

Zwei Schüler haben je einen roten und einen blauen Würfel mit Augen oder Zahlen. Das Ergebnis des roten Würfels wird jeweils der Zähler, das Ergebnis des blauen Würfels wird jeweils der Nenner. Die entstandenen Brüche sind zu addieren / subtrahieren / multiplizieren / dividieren.

Beispiele: $\frac{3}{5} + \frac{5}{6} =$

$\frac{7}{9} \cdot \frac{3}{2} =$

Übungsform 95: Multiplikationsspiel

Beispiel 1:

Name	W.1 ·12	W.2 ·15	W.3 ·17	W.4 ·19	Summe
Uwe					
Karl					
Olga					

Zwei bis fünf Spieler nehmen einen Würfel und würfeln reihum. Ein Spielführer notiert die Ergebnisse der Würfe (gewürfelte Zahl mal Operator vom 1. Wurf usw.). Sieger ist, wer die größte Summe erzielt.

Beispiel 2:

Name	$\cdot\frac{3}{5}$	$\cdot\frac{2}{3}$	$\cdot\frac{5}{8}$	$\cdot\frac{3}{4}$	Summe
Kai					
Ursel					
Axel					
Ernst					
Ulf					

Der betreffende Spieler bestimmt nun selbst, mit welchem der Operatoren seine erwürfelte Zahl zu multiplizieren ist.

Übungsform 96: Bruchwettlauf

Bis zu fünf Mitspieler können mit dem folgenden Spielplan beschäftigt werden. Dabei einigt sich die Gruppe auf eine bestimmte Zielzahl, und jeder Schüler wählt seine Startzahl. Nachdem die Start- und Zielzahlen eingetragen sind, würfelt ein Schüler nach dem anderen mit verschiedenfarbigen Würfeln, wobei eine Farbe für die Zähler und die andere Farbe für die Nenner bestimmt wird. Der so von jedem Schüler erwürfelte Bruch ist mit der Startzahl im Sinne einer der Grundrechenoperationen zu verknüpfen. Das Ergebnis der Operation wird in das erste quadratische Feld eingetragen und bildet für die nächste Würfelrunde die Startzahl. Sieger ist, wer als erster die Zielzahl erreicht oder ihr nach den vorgesehenen sieben Runden am nächsten gekommen ist.

Übungsform 97: Richtzahlwürfeln

Drei bis fünf Spieler nehmen an einer Spielrunde teil. Ein Schüler nennt eine Zahl (hier 32) als Richtzahl. Jeder Schüler darf mit einer selbst festgelegten Anzahl von Würfeln (3, 4 oder 5) werfen. Jede Augenzahl darf nur einmal eingebracht werden, wobei allerdings alle Rechenoperationen erlaubt sind. Wer die Richtzahl genau errechnet oder ihr am nächsten kommt, hat gewonnen.

Beispiele:

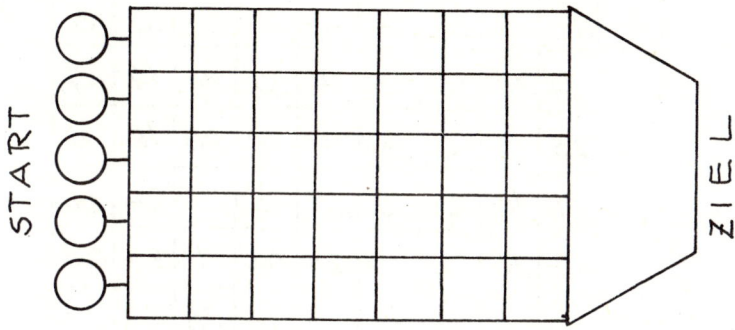

55

Übungsform 98: Vier Kegel in einer Reihe

Zwei bis vier Mitspieler erhalten je 15 Kegel (oder andere Spielelemente) einer Farbe sowie vier Würfel. Jeder Spieler wählt selbst aus, ob er mit zwei, drei oder vier Würfeln werfen möchte. Die gewürfelten Zahlen dürfen multipliziert, dividiert, addiert und subtrahiert werden. Die Ergebniszahl wird mit einem Kegel besetzt. Sieger ist, wer als erster vier Felder nebeneinander (waagrecht, senkrecht oder diagonal) besetzt hat.

10	20	30	1	2	3	4	11	1	21
9	29	19	22	8	7	5	6	2	12
9	10	11	28	12	18	8	23	13	3
4	24	14	16	13	14	15	7	17	27
17	25	15	5	20	19	18	26	16	6
5	21	16	23	15	25	6	22	24	26
7	17	25	26	27	24	14	4	27	28
1	2	8	18	28	3	13	26	29	30
3	4	9	19	29	2	12	22	6	5
10	9	20	10	8	7	21	11	1	20

Übungsform 99: Zahlen abschießen

Zwei bis vier Mitspieler nehmen je einen Bleistift sowie drei Würfel. Jeder Spieler wählt eine Zielscheibe. Abwechselnd wird mit allen drei Würfeln gespielt. Die drei gewürfelten Zahlen dürfen addiert, subtrahiert, multipliziert oder dividiert werden. Mit jedem Würfel darf nur einmal operiert werden. Wenn man eine Zahl aus der Zielscheibe bilden kann, darf diese gestrichen werden. Ist dies nicht der Fall, sind die Würfel weiterzugeben. Sieger ist, wer als erster alle Zahlen seiner „Zielscheibe" abgeschossen hat.

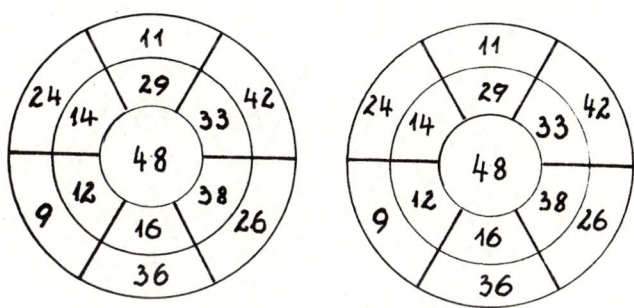

Übungsform 100: Nicht über 1000000

Zwei Spieler benötigen sechs Würfel und einen Bleistift. Abwechselnd wirft jeder der Mitspieler mit allen Würfeln. Die erwürfelten Zahlen dürfen nach Belieben in die Stellenwerttabelle (HT, ZT, T, H, Z, E) eingetragen werden, wobei jedoch jede der Würfelzahlen nur einmal verwendet werden darf. Nach drei Spielrunden werden die Zahlen addiert. Sieger ist, wer die Zahl 1000000 erreicht oder ihr am nächsten kommt. Wer aber mehr als 1000000 erreicht hat, ist der Verlierer.

Name:

M	HT	ZT	T	H	Z	E
+						
+						

Name:

M	HT	ZT	T	H	Z	E
+						
+						

Übungsform 101: Brüche gleichen Wertes suchen

Drei Spieler erhalten je einen Spielplan. Durch Los wird bestimmt, wer vom Bruch $\frac{1}{3}$ bzw. $\frac{1}{5}$ oder $\frac{1}{7}$ auszugehen hat. Die in den Rauten befindlichen Brüche mit dem Wert $\frac{1}{3}$ bzw. $\frac{1}{5}$ oder $\frac{1}{7}$ sind mit einem Buntstift zu markieren. Sieger ist, wer als erster zwölf Brüche gleichen Wertes gefunden hat.

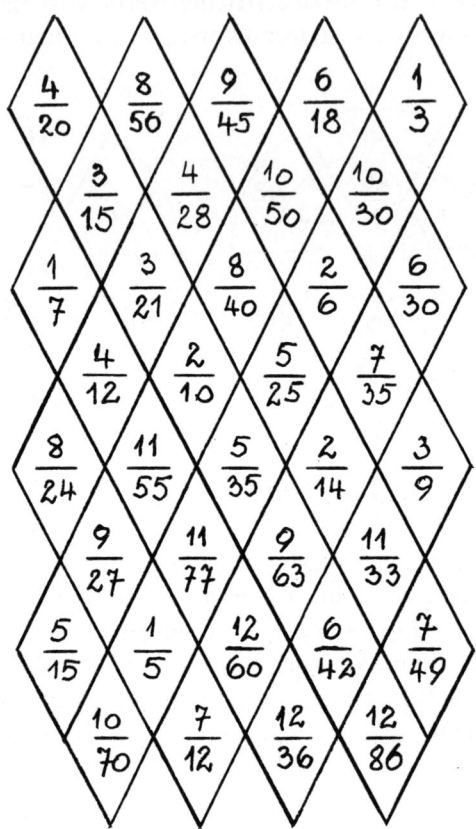

Die Mitspieler erhalten je eine Spielfigur, die sie an den Start stellen. Es wird reihum gewürfelt, wobei vor jedem Würfeln die Rechenoperation + oder − angesagt werden muß. Aus dem Standort und der Würfelzahl kann der neue Standort errechnet werden.

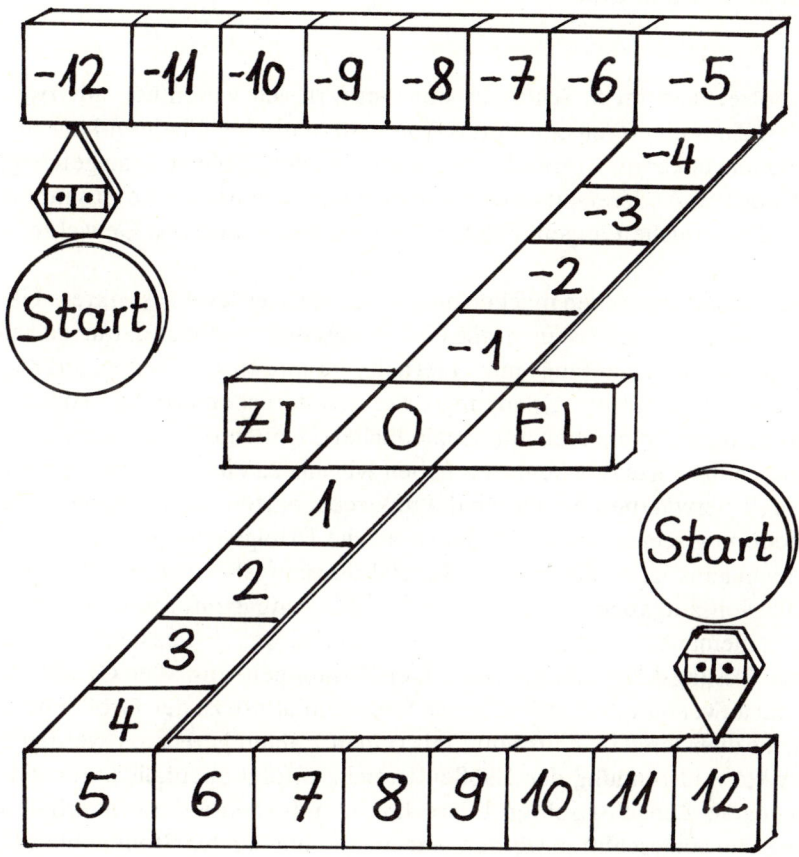

Varianten:
1) Es wird mit zwei Würfeln (verschiedenfarbig: ein ⊕ -Würfel und ein ⊖ -Würfel) geworfen.
2) Es wird mit einem präparierten Würfel (z. B. mit den aufgeklebten Zahlenwerten 1, −1, 2, −2, 3, −3) gespielt.

4. Kommentare zu den Stundenblättern

Übersicht 5. Schuljahr

Das Kopfrechnen im 5. Schuljahr konzentriert sich wesentlich auf zwei Inhaltsbereiche. Zum einen müssen durch eine systematische Wiederholung die von der Grundschule bekannten Grundrechenarten und der Zahlenaufbau gefestigt und gesichert werden. Andererseits bietet sich in diesem Schuljahr eine Zusammenfassung der Größenbereiche Längen, Flächen, Räume und Volumina, Gewichte, Geld und Zeit an.

In diesen Inhaltsbereichen machen die Stundenblätter jeweils konkrete Übungsvorschläge. Dabei ist zunächst im Sinne eines langsamen Aufbaus darauf zu achten, daß Kopfrechenübungen anfangs nur innerhalb der einzelnen Themen angestrebt werden sollten. Erst mit der Erlangung einer Grundrechenfertigkeit sollte auch eine Vermischung von Aufgaben unterschiedlicher Themenbereiche angestrebt werden. Im Bereich der Grundrechenarten haben wir uns zu einer Trennung zwischen den strukturell verwandten Strich- und Punktrechenarten entschlossen; eine weitere Aufgliederung schien uns im Hinblick auf die Erfolgssicherung und Ergebniskontrolle nicht günstig. Additions- und Subtraktionsaufgaben wie auch Multiplikations- und Divisionsaufgaben sind ja stets reversible Aufgabenformen, die etwa in Gleichungen ineinander übergeführt werden können, was sich besonders für eine selbständige Lösungskontrolle anbietet. Der Zusammenhang aller Grundrechenarten erscheint anwendungsorientiert in den Stundenblättern zu den Größenbereichen, so daß nicht über längere Zeiträume mit reinen Zahlen gerechnet werden muß.

Die strikte Auftrennung der Größenbereiche erfolgt ebenfalls unter didaktischen Erwägungen. Zunächst sollten Umrechnungsaufgaben gezielt innerhalb der Größenbereiche eingeschliffen werden, ehe im abschließenden Stundenblatt (5.10) und in den Spielplänen eine Integration aller Größen angestrebt wird.

Stundenblatt 5.1

Didaktische Absicht:
Die angebotenen Übungsformen sollen die Einsicht in den Aufbau des Zahlenraums, wie sie bereits von der Grundschule angestrebt wurde, wiederholen und durch Einblicke in andere Zeichensysteme vertiefen.

Anmerkungen:

Die Wahl des altägyptischen Zeichensystems anstelle der sonst meist verwendeten römischen Zahlzeichen zur Zahldarstellung schließt deren Verwendung nicht aus. Aber für Kopfrechenübungen, in denen es auf die rasche Erfassung und Zusammenfassung der Zahlzeichen zur Zahl ankommt, scheinen uns die ägyptischen Zahlzeichen einfacher und geeigneter. Die verschiedenen Regeln römischer Zahlzeichen, die es ermöglichen, daß immer wieder kleine Zahlzeichen vor größeren (z. B. IX oder XV oder CM) auftauchen, erschweren die für das Kopfrechnen so wichtige Simultanauffassung der Stellenwerte („Von hier bis hier stehen die Hunderter, die Tausender…").

Die Übungsformen selbst, die Stellenwerttafel, Pfeilbild, Größer-kleiner-Zeichen usw. stellen eine Wiederholung von Aufgabenstellungen der Grundschulzeit dar.

Stundenblatt 5.2

Didaktische Absicht:

Die dargestellten Übungsformen sollen die Rechenfertigkeit und -sicherheit im Bereich der Strichrechnung erhöhen, wobei systematisch auch höhere und komplexere Zahlenwerte bewältigt werden sollten.

Anmerkungen:

Aufgaben am Zahlenstrahl, Memory und sonstige Kartenspiele eignen sich besonders für frontale oder gruppenbezogene Kopfrechenphasen. Die graphischen Darstellungsformen wie Zahlenpyramide, Rechenkette, Rechenblume usw. sind vor allem auch für stille Kopfrechenphasen einsetzbar. Besonders motivierend dürften die dargestellten Würfelspiele sein, die sich immer wieder zur Auflockerung anbieten. Außerdem unterliegt hier die Rechenfertigkeit der direkten Mitschülerkontrolle, welche wirkungsvoller als die dauernde Lehrerkontrolle sein kann.

Mehrfachadditionen und -substraktionen sollten erst im Lauf der Zeit vollständig im Kopf durchgeführt werden; vorher ist eine Notation von Zwischenergebnissen sicher von Vorteil.

Stundenblatt 5.3

Didaktische Absicht:

Die vorgestellten Übungsformen sollen die Rechenfertigkeit und -sicherheit im Bereich der Punktrechnung erhöhen, wobei systematisch auch höhere und komplexere Zahlenwerte bewältigt werden sollten.

Anmerkungen:
Den Schwerpunkt der Übungsmöglichkeiten im Bereich der Strichrechnung bilden Aufgaben mit optisch-graphischer Unterstützung, da bei Multiplikation und Division die Handlungsdarstellung der Rechnung nur noch begrenzt möglich ist. Besonders motivierende Aufgabenstellungen zum Erreichen von Rechensicherheit sind die Würfelspiele, da hierbei in der Lerngruppe ein psychologisch günstiger Leistungsdruck gegeben ist (sofern die Gruppen nicht zu heterogen gebildet werden). Zerlegungsspiel und Primfaktorzerlegung erlauben schon den Vorgriff auf die Teilbarkeitslehre im 6. Schuljahr, wobei die angestrebte Rechenfertigkeit in diesem Bereich sich etwa bei der Suche von Teilern (Bildung von Teilermengen) entlastend auswirken kann. Die letzten Übungsformen zeigen bereits Verbindungsmöglichkeiten zwischen allen Rechenoperationen mit reinen Zahlenwerten. Diese sollen angedeutet und bei den nachfolgenden Aufgaben zu den Größenbereichen weiter vertieft werden.

Stundenblatt 5.4

Didaktische Absicht:
Die vorgeschlagenen Übungen sollen sichern, daß die Schüler Längenmaße kennen, sie gegebenen Längen sinnvoll zuordnen können und Umrechnungsübungen zwischen verschiedenen Maßeinheiten durchführen können.

Anmerkungen:
Neben Zuordnungsübungen Maßeinheit-Gegenstand, Umrechnungsübungen, Lesen von graphischen Darstellungen und Entfernungstabellen bieten sich weitere anwendungsorientierte Übungen an: das Vermessen von Gegenständen, Zeichnen in verschiedenen Maßstäben, Berechnen von wahren Entfernungen aus Karten oder Skizzen, Schätzen und Berechnen von Längen bei Maßstabsdarstellungen (z. B. Plan einer Spielzeugeisenbahn H0).

Stundenblatt 5.5

Didaktische Absicht:
Die vorgeschlagenen Übungen sollen sichern, daß die Schüler Längenmaße kennen, sie Flächen verschiedener Größen sinnvollen Maßeinheiten zuordnen können und Umrechnungen zwischen verschiedenen Flächenmaßeinheiten durchführen können.

Anmerkungen:

Das Auslegen von Flächen sollte auch eine Handlungsorientierung vorsehen. Deshalb sollten zu Beginn praktische Flächen bearbeitet werden, ehe auf symbolische Flächen (Parkettierungen) zurückgegriffen wird.

Mit der Flächenauslegung läßt sich insbesondere auch die Multiplikation zur Berechnung von ‚Flächeninhalten' in Anwendung bringen (13 Platten lang, 7 Platten breit, Fläche 91 Platten).

Graphische Darstellungsformen wie der Papierfresser oder die Flächenmaßtabelle sichern die Umrechnung der Maßeinheiten. Weitere interessante Aufgabenstellungen würden sich etwa über besorgte Baupläne, Lagepläne, Stadtpläne etc. anbieten. Hier könnte auch eine erste Verknüpfung von Längen- und Flächenmaßen angestrebt werden.

Stundenblatt 5.6

Didaktische Absicht:

Die dargebotenen Übungsformen sollen die Schüler in die Lage versetzen, Volumina aus dem täglichen Leben abzuschätzen, zu messen und zu berechnen. Rauminhalts- und Volumenmaße verschiedener Maßeinheiten zu verrechnen und umwandeln können.

Anmerkungen:

Eine besondere Schwierigkeit der Hohlmaße stellen die verschiedenen Umrechnungsfaktoren und Maßeinheitssysteme dar. Während l und hl hundertteilige Maße sind, rechnen sich die Kubikmaße tausendteilig um.

Zu Beginn der Kopfrechenübungen in diesem Bereich sollten unbedingt Schätzübungen an konkreten Gegenständen stehen. Damit wird sowohl eine sinnvolle und sichere Ordnung der Maßeinheiten gesichert als auch gleichzeitig die Umrechnung angestrebt. Die Umrechnungsübungen sollten neben gemischen Zahlen ($5\,m^3$ $67\,dm^3$) auch vermehrt Kommazahlen enthalten.

Die im täglichen Leben häufig verwendeten Hohlmaße (cm^3 beim Hubraum von Autos, l und hl bei Gefäßen) sollten nicht nur theoretisch um weniger gebräuchlichere Größen erweitert werden. Es sollten dabei auch Aufgaben aus der Umwelt verwendet werden (z. B. für m^3: Fassungsvermögen eines Wasserbehälters im Wasserwerk, Rauminhalt eines Hauses usw.).

Stundenblatt 5.7

Didaktische Absicht:
Die angebotenen Übungsformen sollen den Schülern besonders den sicheren Umgang mit Gewichtsmaßen des täglichen Lebens ermöglichen; dazu sollten sie praktische und theoretische (Wiegetabelle) Wiegeübungen durchführen können.

Anmerkungen:
Selbst wenn keine oder nicht in genügender Anzahl Wiegemöglichkeiten für die Schüler vorhanden sind, lassen sich schülerorientierte Aufgabeformen finden (Arbeit mit Personenwaagen, Berechnen des Gewichts der Klasse, von einzelnen Schülergruppen usw.). Graphische Darstellungsformen wie Wiegesatz und Gewichtsschlucker können reine Umrechnungsübungen immer wieder auflockern. Über den Selbstbau von Waagemodellen für die Schüler bzw. als Modell für den Tageslichtprojektor läßt sich eine besonders hohe Motivation für die Arbeit an diesem Medium zu Umrechnungsübungen erwarten.

Stundenblatt 5.8

Didaktische Absicht:
Die angegebenen Übungsformen sollen die Sicherheit im Umgang mit Geldwerten jeglicher Art erhöhen. Besonders soll neben einer Erhöhung der Rechenfertigkeit im Umgang mit Beträgen des täglichen Lebens und des Erfahrungsraums der Schüler auch die Kenntnis von ihnen weniger gebräuchlichen Geldwerten (z.B. 500-DM-Schein) gesichert werden.

Anmerkungen:
Die Arbeit mit Rechengeld sollte unbedingt der Ausgangspunkt für weitere Übungen mit Geldwerten sein, und es sollte auch immer wieder auf den handelnden Umgang mit Spielgeld zurückgekehrt werden. Damit lassen sich weitere vielfältige Übungen zu den Bereichen Geldwerte ordnen, Geldbeträge errechnen, Rechnen mit Geldbeträgen, kaufen und bezahlen, wechseln usw. in Spielsituationen einkleiden, die ein hohes Maß an Kopfrechenfertigkeit stellen und sichern. (Rechengeld ist in großer Menge meist leicht bei den örtlichen Banken und Kreditinstituten zu erhalten.) In mehr planspielorientierten Übungsformen lassen sich auch gängige Würfelspiele von Spielverlagen (Monopoly, Karriere…) oder Glücksspiele (Roulette) anwendungsorientiert einsetzen, um auch mit höheren Zahlenwerten rechnen zu können. Hier sollten allerdings bei der Auswahl und beim Einsatz pädagogisch-psychologische Überlegungen berücksichtigt werden.

Stundenblatt 5.9

Didaktische Absicht:
Die angegebenen Übungsformen sollen die Schüler befähigen, ihre Grundkenntnisse zu den Zeiteinheiten bei Umrechnungs-, Ergänzungs- und Zeitspannenaufgaben einzusetzen. Sie sollen Zeitmaße des Alltags sicher ineinander umwandeln können und mit Zeittabellen (Fahrplan, Zeittafel usw.) umgehen können.

Anmerkungen:
Die dargestellten Übungsformen lassen sich leicht durch eine Fülle von weiterem Material ergänzen, das aus der Lebens- und Erfahrungswelt der Schüler stammt. Ausschnitte aus Fernsehprogrammen, alte Fahrpläne von Post oder Bahn, Geburtstagskalender der Klasse und ähnliche Medien bieten ebenfalls noch eine Fülle von Anwendungsaufgaben. So lassen sich mit Fahrplänen auch Kettenaufgaben (Umsteigen) in Spielform einüben. Ebenso bieten sich auch immer wieder spontan formulierte Aufgaben zum Kalender an, der wohl in jedem Klassenzimmer vorhanden sein dürfte. Besonders interessant wäre in diesem Zusammenhang auch die Vorstellung und die Arbeit mit einem sogenannten „ewigen Kalender". (Einer der bekanntesten davon dürfte „Ritter's immerwährender Kalender für die Jahr 1901 – 2099" sein; aus ihm lassen sich die Wochentage jedes Datums ablesen, außerdem die beweglichen Feiertage wie Ostern und Pfingsten jeweils berechnen. – Erhältlich bei Ritter, Darmstadt-Eberstadt.)

Stundenblatt 5.10

Didaktische Absicht:
Mit den angegebenen Übungsformen soll eine Sicherheit im Umgang mit Größenangaben und Maßeinheiten der Größenbereiche Längen, Flächen, Rauminhalte und Volumina, Geld, Gewicht und Zeit hinsichtlich Umrechnung und Anwendung erreicht werden.

Anmerkungen:
Die dargestellten Übungsformen lassen sich insbesondere durch die Arbeit mit der Größen-Umrechnungsübersicht ergänzen; auf diese kann bei Umrechnungsproblemen und Einordnungsproblemen jeder Art sofort zurückgegriffen werden. Da sich im Bereich der Sachaufgaben Umrechnungen von Maßeinheiten auch in den folgenden Schuljahren regelmäßig wiederholen, empfiehlt es sich, immer wieder in gewissen Zeitabständen Übungsformen anhand dieser Übersicht durchzuführen. Parallel dazu kann auch zur Erlangung einer Sicherheit in der Einordnung von Größen auch in späteren Schuljahren immer wieder auf den Größen-Spielplan zurückgegriffen werden.

Übersicht 6. Schuljahr

Die Stundenblätter zum 6. Schuljahr konzentrieren sich auf zwei große Themenbereiche. Der erste Themenbereich umfaßt die Teilbarkeitslehre, soweit sie sich für Kopfrechenübungen erschließen läßt. Der zweite und wesentlich umfangreichere Themenblock handelt die gesamte Bruchrechnung ab. Die Kopfrechenübungen zum Bereich der Teilbarkeitslehre bieten nochmals einen guten Wiederholungsanlaß für die mündliche Multiplikation und Division. Da Vielfachenmengen im Grunde nichts anderes als „Einmaleins-Zahlenfolgen" in Form von Elementen enthalten, ist hier nochmals die direkte Anwendung der Multiplikation gegeben. Umgekehrt sichert die Bildung von Teilermengen die mündliche Division ohne Rest. Zur Anwendung dieser Inhalte als ggT (größter gemeinsamer Teiler; wird in der Bruchrechnung beim Kürzen angewandt) und kgV (kleinstes gemeinsames Vielfaches; wird in der Bruchrechnung bei der Hauptnennerbildung bei Addition und Subtraktion angewandt) haben wir ein interessantes Verfahren entwickelt, welches die Rückführung dieser eigentlich sehr komplexen Rechenoperationen auf Addition und Subtraktion verkürzt.

Die Einführung der Bruchzahlen erfolgt bewußt über Größen, um sofort den Zusammenhang mit Anwendungen im täglichen Leben zu haben und nicht längere Zeiträume nur mit Zahlen arbeiten zu müssen. Der nachfolgende Aufbau der Bruchrechnung durch die Abfolge der Themenbereiche der Stundenblätter ist nicht zwingend; wir begründen diesen Aufbau folgendermaßen: Das Erweitern und Kürzen von Brüchen ist die Grundvoraussetzung für nachfolgende Rechenoperationen wie etwa Addition und Subtraktion, weshalb dieses Thema den Anfang bildet. Damit bei der nachfolgenden Addition und Subtraktion nicht leicht unlösbare Ergebnisse entstehen, muß vorher der Themenbereich „Gemischte Zahlen" abgehandelt werden. Bruchaddition und -subtraktion sind aufgrund ihrer Strukturähnlichkeit zusammengefaßt; wegen der einfacheren Entwicklung aus alltäglichen Aufgabenstellungen sind sie den anderen Rechenoperationen vorangestellt. Billigerweise ist zuzugeben, daß didaktische Gründe, insbesondere auch fachwissenschaftliche und fachlogische des Zahlaufbaus (die Menge der rationalen Zahlen ist gegenüber Multiplikation und Division in Q^+ abgeschlossen, nicht dagegen bezüglich der Subtraktion) gegen diese Reihung sprechen. Die Umkehrung der Reihenfolge – Vorziehung der Punktrechnungen – wäre in Anlehnung an ein so aufgebautes Schulbuchwerk aber ohne Schwierigkeiten möglich.

Die Trennung von Multiplikation und Division erfolgt, um Aufgaben zur Kehrbruchbildung deutlich abgrenzen zu können und eine Vermischung von beiden Rechenoperationen weitgehend auszuschließen.

Den Abschluß stellt schließlich die Anwendung der Bruchrechnung im Bereich der Dezimalbrüche dar.

Stundenblatt 6.1

Didaktische Absicht:
Die Übungsformen sollen den Schülern helfen, bei der Bildung von Teiler- und Viel-
fachenreihen unter Anwendung der Grundrechenarten rasch und sicher rechnen zu
können und so einen Überblick über den Grundzahlenraum bis 100 (bzw. Vielfache
davon) zu festigen.

Anmerkungen:
Die Übungsformen enthalten sowohl solche Aufgabenstellungen, die ohne jedes
Hilfsmittel (Rechenkette) einsetzbar sind, als auch solche mit optischer Unterstützung. Es ist darauf zu achten, daß zunächst getrennt Übungen zu Vielfachen und
zu Teilern vorgenommen werden sollten, ehe Mischaufgaben zur Anwendung kommen.

Stundenblatt 6.2

Didaktische Absicht:
Die beiden Flußdiagramme beschreiben ein einfaches Verfahren, mit dessen Hilfe
ausschließlich über Additionen bzw. Subtraktionen eine Bestimmung des ggT und
kgV möglich ist. Dieses Verfahren soll den Schülern die Möglichkeit geben, bei den
späteren Anwendungen im Bereich der Bruchrechnung auch schwierigere Aufgabenstellungen ohne Rechenhilfsmittel bewältigen zu können.

Anmerkungen:
Die beiden Rechenalgorithmen leiten sich aus dem „Euklidischen Algorithmus" ab.
Mit ihrer Hilfe ist es möglich, daß Schüler ohne sonstige Hilfsmittel auch den Wert
von ggT oder kgV von mehreren Zahlen durch Kopfrechnen bestimmen. Da das
Verfahren nur auf Addition und Subtraktion zurückgreift, eröffnet es auch weniger
rechenfertigen Schülern ein sicheres Arbeiten, im Gegensatz zu anderen Möglichkeiten der Bestimmung der beiden Werte.

Stundenblatt 6.3

Didaktische Absicht:
Die Übungsformen versuchen, die Schüler aus der alltäglichen Verwendung von
Bruchgrößen in den Bereich der Bruchzahlen einzuführen und bekannte Bruchteile
von Größen sicher in kleinere, ganzzahlige Maßeinheiten umwandeln zu lassen.

Anmerkungen:
Neben den Aufgabeformen mit optischer oder medialer (Würfel) Unterstützung lassen sich zusätzlich noch Übungen aus alltäglichen Situationen (Einkauf) gewinnen und in Spielformen (Einkaufsspiel) einkleiden.

Stundenblatt 6.4

Didaktische Absicht:
Die dargestellten Übungsformen sollen das Erkennen größengleicher Brüche sowie das Erweitern und Kürzen von Brüchen sichern.

Anmerkungen:
Es wird auf die Wichtigkeit dieses Übungsabschnitts an dieser Stelle ausdrücklich hingewiesen. Die Sicherheit im Bereich Erweitern und Kürzen ist unabdingbare Voraussetzung für eine erfolgreiche Weiterarbeit in der Bruchrechnung. Selbstverständlich können einfache Kettenübungen („Drei Fünftel erweitert mit 6, gekürzt mit 3…") den Übungserfolg nachhaltig stützen; jedoch sollte in Erinnerung unserer eingangs formulierten theoretischen Erwägungen nicht längere Zeit mit reinen Zahlen gearbeitet werden.

Stundenblatt 6.5

Didaktische Absicht:
Die Übungsformen sollen sicherstellen, daß die Schüler gemischte Zahlen in reine Brüche umwandeln können und umgekehrt. Außerdem sollen sie ganze Zahlen durch Erweitern bzw. Kürzen von oder in Bruchzahlen umwandeln lernen.

Anmerkungen:
Die Umwandlungsübungen, insbesondere das Überschreiten der 1, sollten zunächst durch handelnden Umgang gemäß den Vorschlägen veranschaulicht werden, um das Umrechnen als ‚verinnerlichtes' Handeln einzuschleifen. Danach können auch Umwandlungsübungen mit steigendem Schwierigkeitsgrad (höhere Zahlen, größere Nenner) angegangen werden.

Stundenblatt 6.6

Didaktische Absicht:
Die dargestellten Übungsformen sollen die Einsicht in den Rechenablauf bei der Addition und Subtraktion von Brüchen wecken und die einzelnen Rechenschritte aufbauen und festigen.

Anmerkungen:
Zunächst sollte auch hier nicht auf eine handlungsorientierte Einübung verzichtet werden. Die Addition und Subtraktion sollte unter Beachtung des Schwierigkeitsgrades stufenweise aufgebaut werden, wobei immer neue Rechenschritte zu beachten sind:
1. Addition von gleichnamigen Brüchen, desgl. Subtraktion
2. Rechnen mit gleichnamigen Brüchen und ganzen Zahlen
3. Rechnen mit gleichnamigen gemischten Zahlen
4. Rechnen mit ungleichnamigen Brüchen (Hauptnenner!)
5. Rechnen mit beliebigen Brüchen
Dabei ist festzustellen, daß mit steigendem Schwierigkeitsgrad der Spielraum für reine Kopfrechenübungen immer kleiner wird, da der Übergang zum halbschriftlichen (Zwischennotationen) und schriftlichen Verfahren hier sehr fließend ist.

Stundenblatt 6.7

Didaktische Absicht:
Die dargestellten Übungsformen sollen die Einsicht in den Rechenablauf bei der Multiplikation von Brüchen wecken und die einzelnen Rechenschritte aufbauen und einschleifen.

Anmerkungen:
Einführung und immer wiederkehrende Aufgaben bieten sich aus Sachaufgaben oder der vorgeschlagenen geometrischen Darstellung. Auch beim Aufbau der Multiplikation ist eine gewisse Systematik zu beachten:
1. Rechnen mit Bruch und ganzer Zahl – Einführung über wiederholte Additionen
2. Rechnen mit Brüchen ohne Kürzungsmöglichkeit des Ergebnisses
3. Rechnen mit beliebigen reinen Brüchen
4. Rechnen mit gemischten Zahlen
Auch hier ist der Übergang zum halbschriftlichen und schriftlichen Verfahren fließend.

Stundenblatt 6.8

Didaktische Absicht:
Die dargestellten Übungsformen sollen die Kehrbruchbildung festigen und damit über die Darstellung der Bruchdivision als Multiplikation mit dem Kehrbruch weitere Übungsmöglichkeiten für die Bruchmultiplikation schaffen.

Anmerkungen:
Auch hier sollte die Einführung zunächst über Sachaufgaben erfolgen. Der weitere Aufbau kann sich genau an den Schritten der Multiplikation orientieren, sobald die Kehrbruchbildung durch entsprechende Übungsreihen gesichert ist.

Stundenblatt 6.9

Didaktische Absicht:
Die angebotenen Übungsformen sollen den Zusammenhang zwischen Bruchzahlen und Größen einerseits und zwischen Brüchen und Dezimalbrüchen andererseits aufzeigen.

Anmerkungen:
Im Gegensatz zur Einführung der Grundrechenoperationen, wo Größen nur sporadisch verwendet werden sollten, weil sie die Konzentration auf den Rechenablauf stören würden, ist hier die Verbindung zwischen Größen und Bruchzahlen wieder sehr eng zu knüpfen. Es ist von Vorteil, die Übereinstimmung von bekannten Bruchzahlen und Dezimalbrüchen so lange zu üben, bis einige solcher Paare mit Sicherheit auswendig gewußt werden (Überlernen).

Übersicht 7. Schuljahr

Die Themenbereiche der Stundenblätter des 7. Schuljahres lassen sich drei größeren Schwerpunkten unterordnen, welche alle Anwendungen der auf den vorigen Klassenstufen aufgebauten Kopfrechenfertigkeiten darstellen.
Der erste Schwerpunkt der Prozent- und Zinsrechnung wird in unserem Konzept als eine Anwendung der Bruchrechnung aufgefaßt und so eingeführt. Viele der bei der Bruchrechnung vorgeschlagenen Übungsformen können also auch hier wieder eingesetzt werden, sofern zusätzliche Übungsmöglichkeiten gesucht werden.
Die beiden Stundenblätter zu den Zuordnungen proportionaler und antiproportio-

naler Art verbinden nahezu alle vorher aufgebauten Themenbereiche: Rechnen mit natürlichen Zahlen, die Größenbereiche sowie das Rechnen mit Brüchen. Auch hier muß darauf verwiesen werden, daß sich Übungsformen aus den vergangenen Schuljahren sowohl zur Wiederholung als auch zur Anwendung immer wieder verwenden lassen.

Der Themenbereich ‚Rechnen mit ganzen Zahlen' verweist schließlich auf die im 7. Schuljahr anstehende Zahlbereichserweiterung. Um den Übergang in den Bereich der negativen Zahlen zu vereinfachen, werden in unserem Konzept so weit als möglich Übungen in den Vordergrund gestellt, die ein analoges Weiterrechnen zu den Grundrechenarten im Zahlenraum der natürlichen Zahlen erlauben. Damit soll besonders auch für kopfrechen-schwächere Schüler der Übergang erleichtert werden.

Stundenblatt 7.1

Didaktische Absicht:
Die angebotenen Übungsformen sollen durch Vergleich mit den Bruchrechenoperationen in die Prozentrechnung einführen, die Lösung einfacher Grundaufgaben ermöglichen und einen sicheren Umgang mit Prozentsätzen in Sachaufgaben gewährleisten.

Anmerkungen:
Den ersten Schwerpunkt des Stundenblatts bilden Einführungsaufgaben, bei denen bekannte Brüche und Prozentsätze verglichen und gegenübergestellt werden.
Es folgen Aufgabenbeispiele für die drei Grundaufgaben:
1. Berechnung des Prozentsatzes
2. Berechnung des Prozentwerts
3. Berechnung des Grundwerts
Das Universalschema soll eine zusammenhängende Behandlung aller drei Grundaufgaben im Zusammenhang ermöglichen, um die Rechenfähigkeit im Bereich der Prozentrechnung mit der vorher hergestellten Rechenfertigkeit zu verknüpfen.
Ein Spielplan bietet sehr motivationswirksame Anwendungen.

Stundenblatt 7.2

Didaktische Absicht:
Die dargestellten Übungsformen sollen die Zinsrechnung als Sonderfall der Prozentrechnung darstellen und den Schülern die Möglichkeit eröffnen, über weitere Anwendungsbeispiele Sicherheit im Umgang mit Prozentzahlen geben. Ziel der

Übungseinheit ist es, die Schüler in die Lage zu versetzen, im täglichen Leben anfallende Zinsrechnungen ohne Hilfsmittel zu berechnen bzw. wenigstens abschätzen zu können.

Anmerkungen:
Neben den gezeigten Übungsformen können aufgrund der völlig identischen Struktur von Prozent- und Zinsrechnung (vgl. Methodische Hinweise zum Beispiel 1) nahezu alle Aufgabenstellungen des Stundenblatts 7.1 ebenfalls nochmals übernommen werden.
Um einen sinnvollen Lebensbezug zu gewährleisten, halten wir es für wichtig, neben den von uns entwickelten „gestellten" Übungsformen auch konkretes Material zur Anwendung zu bringen (z. B. Ratenkredittabellen von Versand- und Kaufhäusern vergleichen, Zinstabellen verschiedener Banken vergleichen und Aufgaben dazu frei formulieren).
Die vorgeschlagenen Spielformen erlauben auch Simulationsspiele, die einen hohen Motivationswert besitzen und außerdem eine handlungsbezogene Anwendung im Kopfrechenbereich gewährleisten.

Stundenblatt 7.3

Didaktische Absicht:
Die angebotenen Übungsformen sollen sicherstellen, daß im Bereich der proportionalen Zuordnungen der Schüler Aufgaben(serien) mit einfachen Zahlenwerten ohne Hilfsmittel oder schriftliche Rechenverfahren bewältigen kann. Er soll dadurch stufenweise eine Rechenfertigkeit erreichen, die es ihm erlaubt, in Situationen des täglichen Lebens (z. B. beim Einkauf) ohne Hilfsmittel Überschlags- und Kontrollrechnungen durchzuführen.

Anmerkungen:
Zum Themenbereich der proportionalen Zuordnungen lassen sich selbstverständlich weitere Aufgabenbeispiele aus Sachzusammenhängen entwickeln. Viele Textaufgaben sind oft ohne Rechenhilfsmittel lösbar; bei schwierigeren Zahlenwerten sollte in jedem Fall das Kopfrechnen der Überschlags- und Kontrollrechnung (durch Runden der Zahlenwerte) dienen. Besonders das Einschleifen eines Dreisatzschemas (vgl. Methodische Hinweise zu Beispiel 1) sollte unbedingt mit regelmäßigen Kopfrechenübungen unterstützt werden (medienunterstütztes Kopfrechnen).

Stundenblatt 7.4

Didaktische Absicht:
Die dargestellten Übungsformen sollen die Schüler befähigen, Rechenübungen mit produktgleichen Größenpaaren durchzuführen und Aufgaben der antiproportionalen Zuordnungen mit einfachen Zahlenwerten ohne Hilfsmittel lösen zu können.

Anmerkungen:
In diesem Themenbereich erfolgt eine mehr oder weniger deutliche Wiederholung der Teilbarkeitslehre, was auf einführende Übungsmöglichkeiten mit Hilfe der Stundenblätter 6.1 und 6.2 verweist. Bei der Behandlung von Textaufgaben können durch Variation der Zahlenwerte zusätzliche Übungsmöglichkeiten geschaffen werden.

Stundenblatt 7.5

Didaktische Absicht:
Die Übungsformen sollen den Schüler im Übergang zum Zahlenraum der negativen Zahlen durch analoges Weiterrechnen unterstützen. Er soll dadurch in die Lage versetzt werden, einfache Rechenoperationen mit negativen Zahlen durchführen zu können und damit Aufgabenbeispiele und Situationen aus dem Alltag (Konto) mit Kopfrechnen bewältigen oder kontrollieren zu können.

Anmerkungen:
Neben praktischen Übungen (z.B. am Thermometer) können durchaus auch anspruchsvollere Zahlenübungen gemäß unseren Beispielen vorgenommen werden. Da sich infolge des hohen Abstraktionsgrads nur noch wenige Aufgaben aus dem Alltag anbieten, sollte bei diesen Aufgaben wenigstens häufig die Übungsform gewechselt werden.
Mit Hilfe des angebotenen Spielplans läßt sich zumindest das Rechnen mit den Grundrechenarten Addition und Subtraktion sicher festigen.

Übersicht 8. Schuljahr

Die geringe Zahl von Themenbereichen im 8. Schuljahr deutet darauf hin, daß durch die steigende Komplexität der Rechenverfahren (Verbindung verschiedener Grundrechenarten) die Möglichkeiten für eine direkte Anwendung als Kopfrechenübungen mehr und mehr eingeschränkt werden. Das sollte nicht zu der irrigen Annahme verleiten, daß damit der Umfang der Kopfrechenübungen ebenfalls geringer werden müßte. Die Grundaufgaben der vorangegangenen Schuljahre, besonders aber der Prozent- und Zinsrechnung, der Proportionalitäten des 7. Schuljahres, sollten weiterhin regelmäßige Inhalte eines anwendungsorientierten Kopfrechenunterrichts sein. Auch sollten festgestellte Schwächen in anderen thematischen Teilbereichen (z.B. beim Bruchrechnen, beim Rechnen mit Größen) immer wieder durch Rückgriff auf frühere Übungsformen ausgeglichen werden.

Allerdings ist bei solchen Wiederholungsübungen sehr deutlich auf den Aspekt der Differenzierung zu achten:

– Bei äußerer Differenzierung (Kurssystem, Stützkurs) können nach wie vor Aufgaben mit einheitlichem Schwierigkeitsgrad verwendet werden.
– Bei innerer Differenzierung ist auf den unterschiedlichen Leistungsstand Rücksicht zu nehmen. Hierzu sei entweder auf die Möglichkeit der Arbeit mit leicht differenzierbaren Übungsmaterialien (z.B. Rechentabelle) verwiesen, oder es können auch verschiedene Übungsmaterialien gleichzeitig zum Einsatz kommen.

An neuen Themenbereichen lassen sich zwei Schwerpunkte ableiten. Zunächst wird die Erweiterung des Zahlenraums auf die rationalen Zahlen angestrebt, womit der Zahlenraum endgültig gegenüber allen Grundrechenoperationen + – · : abgeschlossen ist. Das bedeutet, daß nun alle Aufgabenstellungen *immer* lösbar sind (auch Division von ‚negativen' Brüchen).

Die Anwendungen auf geometrische Aufgaben sind für das Kopfrechnen begrenzt. Allerdings sind einfache Aufgabenbeispiele aus dem Bereich der Flächen- und Rauminhaltsberechnung auch zur Steigerung der Kopfrechenfähigkeit einsetzbar.

Stundenblatt 8.1

Didaktische Absicht:
Die Übungsformen sollen Möglichkeiten aufzeigen, wie im Bereich angewandten Rechnens schriftliche Rechenverfahren durch Kopfrechenübungen vorbereitet und ergänzt werden können. Der Schüler soll in die Lage versetzt werden, mit einfachen Zahlenwerten ohne Zuhilfenahme von Rechenhilfsmitteln umgehen zu können.

Anmerkungen:
Zur Übung der Grundrechenoperationen bieten sich einführend zunächst Zahlordnungen an: Zahlenfolgen oder Zahlenbilder.
Je nach Leistungsstand der Klasse oder Lerngruppe müssen die Grundrechenarten zunächst noch einmal getrennt wiederholt werden (Rechenstern, Zahlenqualle usw.) oder können sofort im Verbund (Rechentreppe) geübt werden.

Stundenblatt 8.2

Didaktische Absicht:
Die dargestellten Übungstabellen und weiterer Übungsformen sollen die Schüler befähigen, Flächeninhaltsberechnungen zu einfachen Grundfiguren mit einfachen Zahlen zu berechnen oder mit schwierigeren Zahlen zu überschlagen.

Anmerkungen:
Die angebotenen Übungstabellen können – als Folienvorlage gefertigt – immer wieder mit neuem Zahlenmaterial gefüttert werden; damit lassen sich Kopfrechnungen zu sämtlichen Grundfiguren immer wieder auch in wechselnder Reihenfolge durchführen. Der Schwierigkeitsgrad kann erhöht werden, wenn die Flächenformel jeweils abgedeckt wird, so daß tatsächlich reine Kopfrechenübungen entstehen.

Stundenblatt 8.3

Didaktische Absicht:
Die dargestellten Übungstabellen und weiterer Übungsformen sollen die Schüler befähigen, Rauminhaltsberechnungen zu einfachen Grundfiguren mit einfachen Zahlen zu berechnen oder mit schwierigen Zahlen zu überschlagen.

Anmerkungen:
Auch hier können bei Herstellung von solchen Tabellen, als Grundfolien über Deckfolien, immer wieder rasch neue Zahlenbeispiele durchgerechnet werden. Ähnlich wie bei der Flächenberechnung sollte langfristig auch hier angestrebt werden, bei abgedeckten Formeln zu rechnen.

Übersicht 9. Schuljahr

Bei weiterer Zunahme der schriftlichen Rechenverfahren infolge der Erhöhung der Komplexität der Rechenoperationen und Zahlenwerte und der Ausweitung der Geometrie lassen sich nur noch wenige direkte Anwendungsbereiche für den Kopfrechenunterricht ausmachen. Unter Hinweis auf die Ausführungen bei der Übersicht 8. Schuljahr sei jedoch auch hier nochmals betont, daß regelmäßige Kopfrechenübungen zur Sicherung der in den vergangenen Schuljahren erworbenen Rechenfertigkeit (welche auch die Sicherheit und Rechengeschwindigkeit bei schriftlichen Verfahren beeinflußt) weiterhin unerläßlich sind.

Die Stundenblätter zeigen einige Beispiele, aus denen deutlich werden soll, wo beispielsweise in der Arithmetik oder im Bereich der Sachaufgaben weiterhin Kopfrechenübungen möglich sind. Damit wird zugleich aber auch deutlich, daß an dieser Stelle ein weiterer systematischer Aufbau des Kopfrechnens nicht mehr möglich ist. Vielmehr muß sich das Kopfrechnen nun regelmäßig um die Erhaltung und Verbesserung der erworbenen Rechenfertigkeit des einzelnen Schülers (Individualisierung) bemühen.

Stundenblatt 9.1

Didaktische Absicht:
Die Übungsformen sollen die Schüler dazu befähigen, ihre Sicherheit im Umgang mit Zahlenwerten, Größen und Maßeinheiten zu erhöhen und ihre Rechenfertigkeit im angewandten Rechnen, z.B. bei der Potenzrechnung oder der Mittelwertsberechnung, einzusetzen.

Anmerkungen:
Die vorgeschlagenen Übungsformen können nur Hinweise geben, wo und in welcher Art auch im angewandten Rechnen weiterhin Kopfrechenübungen möglich und sinnvoll sind. Dabei wird deutlich, etwa am Beispiel der Funktionsterme, daß der Übergang zum halbschriftlichen oder schriftlichen Verfahren immer fließender wird; dem Kopfrechnen kommt hier entlastende Funktion insofern zu, als bei Vermeidung unnötiger Schreibarbeit durch Zusammenfassung mehrerer Rechenschritte im Kopf die Lösungszeit verkürzt werden kann.

Stundenblatt 9.2

Didaktische Absicht:
Die ausgewählten Übungsformen sollen Beispiele zeigen, wie Schüler Lösungen zu Sachaufgaben bei entsprechender Wahl der Zahlen oder in entsprechender Situation (z.B. beim Einkauf) ohne Rechenhilfsmittel finden können und müssen.

Anmerkungen:
Weitere Übungsformen zu Sachaufgaben finden sich in den vorangegangenen Schuljahren in vielfältiger Form, z.B. bei den proportionalen und antiproportionalen Zuordnungen, den Größen, der Bruchrechnung usw.

Stundenblatt 5.1
Themenbereich: Zahlzeichen und Zahldarstellung

5. Schuljahr

Übungsform und -darstellung	Methodische Hinweise

Beispiel 1: Ägyptische Zahlzeichen

alt - ägyptisch		arabisch
Stab	I	1
Ferse	∩	10
Schnecke	?	100
Lotosblume	⸌	1 000
gebogenes Rohr	⌠	10 000
Fisch	∝	100 000
erstaunter Mann	⸸	1 000 000

?∩∩∩III = 133

⌠⌠⌠I = 30001

∝∝⌠ = ?

Aufgrund der Ordnungsverwandtschaft zu unserem Zehnersystem eignen sich die nebenstehenden ägyptischen Zahlzeichen fast besser als die bekannteren und gebräuchlicheren römischen Zahlzeichen für Übungen zur Zahldarstellung. Jedes Zeichen kann bis zu 9mal hintereinander verwendet werden, was unseren arabischen Ziffern 1–9 entspricht. Nichtverwendung bedeutet 0.
Leseübungen gegebener Zahlen, Darstellen von vorgegebenen Zahlen mit Hilfe der Zahlzeichen auf Hafttafel oder Folie bieten ein breites Anwendungsfeld.

Beispiel 2: Geheimzahlen

STRENG	
I	= 1
X	= 10
☐	= 100
⊓	= 1000
⊠	= 1000
GEHEIM	

X X III =

⊠ X II =

☐☐X =

= 728

= 1114

E=1, Z=2, D=3, V=4, F=5, S=6
I=7, A=8, N=9, U=0

DUFFI = 30557

? = 6798

Dabei sind zwei Möglichkeiten zu unterscheiden:
- Die Vorgabe von Zahlzeichen, die (wie die ägyptischen oben) nur den Stellenwert angeben (siehe oberes Beispiel links);
- Die Vorgabe neuer Zahlzeichen für die arabischen Ziffern, wofür sich beispielsweise hervorragend das Alphabet eignet (im unteren Beispiel sind nebenstehend die jeweiligen Anfangsbuchstaben der arabischen Ziffern verwendet).

Der Phantasie – besonders die der Schüler – ist hier Gelegenheit geboten.

Beispiel 3: Buchstabenrechnen

ABBA + BEAT = EIEI

A = 1, B = 2! Die restlichen Zahlen sind zu errechnen! Es kommen nur noch die Zahlen 3, 4, 5 vor!

Lösung: 1221 + 2314 = 3535

Je nach Anzahl der verwendeten Ziffern läßt sich der Schwierigkeitsgrad solcher Übungen variieren. Auch die anderen Grundrechnungsarten sind geeignet. Ähnliche Aufgaben finden sich oft in Rätselecken von Zeitschriften.

Beispiel 4: Wendekärtchen

Vorderseite: | 7T 5H 3Z | | 2HT 5Z |

Rückseite: | 7530 | | 200050 |

Das Lesen der Zahl aus den Stellenwertangaben läßt sich mit Wendekärtchen, auch sehr gut umgekehrt, durchführen. Der Stellenwert der Ziffern prägt sich so gut ein.

Übungsform und -darstellung	Methodische Hinweise
Beispiel 5: Zahlenrätsel GESUCHT: – die größte vierstellige Zahl mit lauter gleichen Ziffern – die größte neunstellige Zahl, in der keine Ziffer doppelt vorkommt.	Die Bildung von Zahlen nach gegebenen Gesetzmäßigkeiten läßt sich vielfach variieren: – größte (kleinste) Zahl, – Ziffern vorschreiben oder ausschließen. – Stellenwert begrenzen.
Beispiel 6: Stellenwerttafel 	Sowohl Ableseübungen aus der Stellenwerttafel als auch Eintragungen in die Vorlage sind Übungsformen, die sowohl frontal als auch in Arbeitsgruppen durchgeführt werden können.
Beispiel 7: Zahlenstrahl 	Mögliche Aufgabenstellungen an maßstäblich verschiedenen Modellen: – Zahlen benennen/zeigen lassen, – in Schritten weiterzählen und zeigen.
Beispiel 8: Pfeilbild 	Die Relationsvorschriften „ist größer als" und „ist kleiner als" bieten Variationsmöglichkeiten: – beliebige oder gegebene Zahlen ins Pfeilbild eintragen lassen, – Pfeile eintragen lassen, – Pfeilbild vervollständigen (siehe Beispiel).
Beispiel 9: Zahlenreihen 	Die Beispiele zeigen verschiedene Möglichkeiten Zahlenreihen zu bilden, vervollständigen oder anordnen zu lassen. Aufgaben mit Zeichenwechsel > < erhöhen den Schwierigkeitsgrad.
Beispiel 10: Zahlendiktat „Drei Millionen Fünfhundertzweiundzwanzigtausend neunhundertelf"	Hierbei ist auch an die Einkleidung in Sachzusammenhänge zu denken: z.B. Gewinnzahlen von Lotterien Zahlen aus dem Gemeindehaushalt usw.
Beispiel 11: Vorgänger/Nachfolger 	Interessant ist diese Übungsform besonders bei den Stellenwertübergängen. Hier wird auch durch das Ansagen der Zahlen eine Sicherheit im Umgang mit Stellenwerten eingeschliffen.

Beispiel 12: Hausnummern würfeln siehe Spielplan S. 14

Als weitere Übungsformen empfehlen sich: 10–12, 14, 15, 17–19, 43, 44, 49, 83, 88, 91, 100

Übungsform und -darstellung	Methodische Hinweise
Beispiel 1: **Aufgaben am Zahlenstrahl** 470 480 490 500 510 520 530 520 - 475	Zwei Schüler zeigen zwei Zahlen auf dem Zahlenstrahl an, die nach ihren Anweisungen addiert bzw. subtrahiert werden müssen. Die beiden Mitschüler mit der richtigen Lösung dürfen die nächsten beiden Zahlen zeigen.
Beispiel 2: **Zahlenpyramide** 1000 1500 1500 2000 3000 2000	Die Zahlenpyramide kann mit verschiedenen Zahlen an der Spitze begonnen werden und eignet sich sowohl für Rechenwettkämpfe wie auch für Einzel- und Stillarbeit. Über die Wahl der Zahl an der Spitze läßt sich die Aufgabenschwierigkeit leicht differenzieren.
Beispiel 3: **Rechenkette** A Anfang und Ende unterscheiden sich um 50! E +91 -48 +17 -52 +42	Die Verknüpfung mehrerer Additionen und Subtraktionen kann auch zur Beachtung und Nutzung von Rechenvorteilen herangezogen werden, wie das nebenstehende Beispiel verdeutlichen soll.
Beispiel 4: **Rechenblume** -46 +349 -78 +99 524 830- 123+ -78 +25	Blüte und Blütenblätter dieser Rechenblume sollen denselben Zahlenwert besitzen. Zur Variation bzw. zur Erhöhung des Schwierigkeitsgrades wäre es auch möglich, statt einer Zahl jeweils zwei mit additiver oder Differenzverknüpfung in die Blütenblätter einzutragen. Auch eine Möglichkeit bietet die Alternative, daß jeweils ein Blütenblatt und die Blüte denselben Zahlenwert aufweisen müssen.
Beispiel 5: **Würfelspiel „Stielaugen"** Jeder Mitspieler würfelt erst mit einem, dann mit 2, 3, 4, 5 und 6 Würfeln. Alle Augen werden addiert. In der zweiten Runde das Ganze rückwärts mit Subtrahieren.	Dieses Würfelspiel ist gleichzeitig Rechen- und Konzentrationsübung, da gleichzeitig der neue Zahlenwert berechnet und der alte Wert hinzugerechnet werden muß.
Beispiel 6: **Zahlenturm** + 700 384 196 504 708 308 -	Der Vorteil des Zahlenturms besteht in der direkten Verknüpfung von Addition und Subtraktion sowie der beliebigen Wiederholbarkeit: Die Zahlen der Mittelreihe können – je nach Schwierigkeitsgrad – beliebig (z.B. auch nach Schülervorschlägen) eingetragen werden, ohne daß eine Unlösbarkeit der Aufgaben zu befürchten ist. Für längere Übungsreihen kann der Turm auch beliebig vergrößert werden.

Übungsform und -darstellung	Methodische Hinweise
Beispiel 7: Würfelspiel „Mille Milia" Starterlaubnis erhält, wer mit seinen 3 Würfeln eine Eins und eine Sechs erzielt hat. Dann bringt jedes Auge den Rennfahrer 10 Kilometer weiter, der Fünferpasch sogar 500, aber nur einmal pro Spiel.	„Tausend Kilometer" ist dem Autorennen nachempfunden und bietet ein abwechslungsreiches Gruppenspiel. Es kann auch sinnvoll verändert werden, indem z.B. – ab der Punktzahl 500 nur noch mit 2 Würfeln weitergewürfelt werden darf, – die Würfelzahl ⊡ eine Sonderstellung mit 100 Punkten erhält.

Beispiel 8: Stufenzahl-Memory $\boxed{7430}$ + $\boxed{2570}$ $\boxed{18240}$ – $\boxed{8240}$	Wichtig bei der Herstellung der Kartenpaare ist nur, daß die Zahlenwerte je zweier Karten immer genau eine Stufenzahl ergeben (siehe die Beispiele nebenan!). Ansonsten wird wie beim „normalen" Memory mit verdeckten Karten, reihum zwei Karten umdrehend, gespielt.

Beispiel 9: Stufenzahlen färben	Hier ist derselbe Lerneffekt wie im vorigen Beispiel in Einzel- oder Partnerarbeit zu erzielen. Zur leichteren Kontrollmöglichkeit kann die Lösung so gewählt werden, daß die Farben auf der Grundfigur ein Muster erzeugen. Dies kann den Schülern als Lösungshilfe auch vorher mitgeteilt werden.

75	66	37	88	22
901	934	55	950	956
41	50	25	100	44
58	28	59	45	972
63	978	12	42	99

Immer zwei Zahlen geben zusammen 100 oder 1000. Färbe die Hunderter- und Tausenderzahlen unterschiedlich und du siehst eine Schnapszahl als Lösung!

Beispiel 10: Immer 1000 Vorderseite $\boxed{441}$ $\boxed{3589}$ $\boxed{18}$ Rückseite $\boxed{559}$ $\boxed{2589}$ $\boxed{982}$	Es können bei diesem Spiel auch andere Zielzahlen verwendet werden, z.B. 100000 oder 1000000, wenn die Zahlen auf den Zahlenkarten nicht zu unübersichtlich werden (letzte 3-4 Stellen gleich 0).

Beispiel 11: Würfelspiel „Zentavesta" Gespielt wird mit 3 Würfeln, deren Augenzahl stets addiert wird. Bei Würfen unter zehn Augen wird außerdem jeweils 10 addiert, bei Würfen über 10 wird zehn subtrahiert. Man kann bis 50 spielen, oder bis 100, oder bis . . . zum Ende der Stunde! Viel Spaß!	Je nach Vereinbarung der Zielzahl kann die „gute Zehn" länger- oder kurzfristig eingesetzt werden. Auch Regelveränderungen sind denkbar, z.B. – wer bemerkt, daß ein Mitspieler die „gute Zehn" zu addieren vergißt, erhält sie selbst zugeschlagen, – Zweierpasch (zweimal dieselbe Würfelzahl) zählt doppelt, Dreierpasch zählt dreifach.

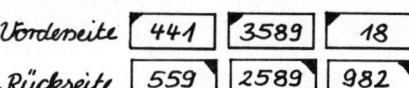

Wer aber ⚃⚃⚃ wirft, hat nur . . . . . ?

Beispiel 12: Tabelle	Die Tabelle hat den Vorteil, daß mit relativ kurzfristiger Verfügbarkeit ein sehr differenzierbares Instrument zur Verfügung steht. Es besteht etwa die Möglichkeit, ein Fundamentum mit einfacheren Aufgaben, welches alle Schüler lösen müssen, von schwierigeren Zusatzrechnungen abzutrennen (siehe Beispiel).

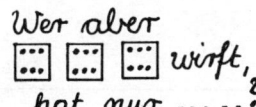

Fundament!				
–	48	97	125	248
317	269	220	192	69
711	663	596	624	463
938	890	841	813	690

Da haben sich 2 falsche Ergebnisse hineingemogelt!

Als weitere Übungsformen empfehlen sich: 1–3, 5, 6, 9–13, 19–23, 27, 29, 32, 33, 41, 42, 48–56, 60–63, 67–71, 74, 88, 92, 97–99

Übungsform und -darstellung	Methodische Hinweise

Beispiel 1: Wörterraten

·	80	20	90	10	60
70	A	B	C	D	E
30	F	G	H	1/3	K
40	L	M	N	O	P
200	Q	R	S	T	U
50	V	W	X	Y	Z

Die Zeichnerin dieser Aufgabe heißt:
600
5600
1400
500

Klar?

Eine solche Tabelle – im Klassenzimmer angebracht – braucht meist gar keine zusätzliche Motivation. Die „Geheimsprache" lockt die Schüler, von sich aus auch in den Pausen weitere informelle Aufgaben zu stellen. Gerade aber das Hinausragen über den reinen Unterricht hinaus erschließt neue Übungsmöglichkeiten.

Beispiel 2: Divisionstabelle

:	3	20	5	4	9
720					
540					
990					
810	X				
480					

Aufgaben, die nicht ohne Rest teilbar sind, mit ☒ markieren!

Die Schwierigkeit der Division mit Rest (welche ihre Ursache darin hat, daß die Menge der natürlichen Zahlen bezüglich der Division nicht abgeschlossen ist) wird hier durch entsprechende Markierung vor oder bei Lösung der Aufgabe hervorgehoben. Bei der Multiplikation, für die eine solche Tabelle ebenfalls zu verwenden ist, ist solches nicht notwendig.

Beispiel 3: Würfelmultiplikation

Name	·5	·15	·12	Ergebnis

Die Spieler tragen ihren Namen ein und würfeln in dieser Reihenfolge reihum. Die jeweils erwürfelte Zahl wird mit der angegebenen Spaltenzahl multipliziert, zum Schluß werden die Reihen addiert bzw. subtrahiert. Variationen:
– statt mit einem wird mit zwei Würfeln und der Würfelsumme gerechnet (auch mit 3 Würfeln!),
– vor dem Würfeln muß der Spieler die Spalte ansagen, in die das Ergebnis eingetragen werden soll.

Beispiel 4: Würfelspiele

August bläst vom Turm:
Ein Würfelbecher mit 2 Würfeln wird auf den Tisch gestülpt; ein dritter Würfel wird auf den Becher gelegt und heruntergeblasen. Die Würfel unter dem Becher werden addiert und mit dem dritten Würfel multipliziert.

Dividieren:
Der erste Wurf mit 2 Würfeln wird addiert und durch den zweiten Wurf mit einem Würfel geteilt. Es gelten nur ganze Zahlen, ansonsten Null!

Die beiden im Prinzip gleichen Würfelspiele können auch zu einem neuen Spiel kombiniert werden:
– Abwechselnd wird multipliziert und dividiert und die Zahlenwerte werden nach jeder Runde aufsummiert.
– Die Würfeleins erhält eine Sonderbedeutung und als Zahlenwert 10 zugeordnet.

Beispiel 5: Zerlegungsspiel

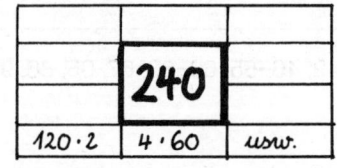

Dieser Aufgabentyp eignet sich als Vorübung für eine weitergehende (Prim-)Faktorzerlegung und ist gleichzeitig ein Vorgriff auf die Teilbarkeitslehre im 6. Schuljahr. Es müssen nicht notwendigerweise alle Zahlenfelder besetzt werden.

Übungsform und -darstellung	Methodische Hinweise
Beispiel 6: Primfaktorzerlegung 	360
2	180
2	2	90
2	2	45
2	2	2	15
2	2	2	3	5 | *Beispiel 360*	Mit Hilfe des nebenstehenden Schemas ist eine Primfaktorzerlegung von ausgewählten Zahlen schon im 5. Schuljahr möglich. Aus Gründen der Angemessenheit als Kopfrechenaufgabe sollte sich die Zerlegung allerdings auf die Faktoren 2, 3, 5 und 7 beschränken; das ist bei der Auswahl der Zerlegungszahlen zu beachten.
Beispiel 7: Zahlenstreichen	Diese Zuordnungsaufgabe kann auch als Tabelle angelegt werden, wobei dann ebenfalls die entsprechenden Zahlenwerte zu streichen sind. Dabei dürfen die Banknachbarn abwechselnd rechnen und eine Zielzahl durchstreichen, bis alle Zahlen gestrichen sind. Legt man sich Deckfolien oder Deckblätter an, kann das Spiel mit anderen Zahlen wiederholt werden!
Beispiel 8: Punktrechnungsdomino	Bei der Herstellung der Dominosteine ist zu beachten, daß jeweils das Ergebnis auf dem Anschlußstein vermerkt wird; gleiche Ergebnisse ermöglichen größere Alternativen beim Spiel. Beim Domino können auch Addition und Subtraktion mit verwendet werden.
Beispiel 9: Vier in einer Reihe siehe Spielplan S. 14	Mit diesem Spielplan ist die sinnvolle Verbindung aller vier Rechenarten gewährleistet.
Beispiel 10: Aufgaben beurteilen	Diese Aufgabeform erlaubt die Problematisierung und das Einschleifen der „Punkt-vor-Strich-Regel". Durch die Verwendung der Kennbuchstaben ist eine Kontrollierbarkeit für die Schüler gegeben. Diese Eigenkontrolle (und notfalls Eigenkorrektur) erscheint wirkungsvoller als Fremdkorrektur durch Lehrer oder Mitschüler.
Beispiel 11: Rechenkette	Es können in diese Rechenkette beliebige natürliche Zahlen eingesetzt werden – bei richtiger Rechnung stellt sich am Ende wieder die Ausgangszahl ein. Ähnliche Aufgaben mit anderen (auch höheren) Zahlen lassen sich leicht konstruieren.

In Beispiel 7:
6000 --- :2 → ... 400, 600, 800, 1000, 1600, 2000, 2400, 3000, 5000
10000   :4
4800   :5
1600   :6

In Beispiel 8:
| 3500 | : 7 | | 500 | · 12 | mit | 6000 | : 50 | 120 |

In Beispiel 10:
Richtig oder falsch?

3·3+18 = 63	5·5+3·3 = 64
7·5:7 = 5	6+4·30 = 300
14·2:7+2 = 2	5·9−3·2 = 39

Falsche durchstreichen

In Beispiel 11:
A · 8 (−6) (:2) (+3) :4 E

Als weitere Übungsformen empfehlen sich: 8–15, 17, 19–23, 27, 29, 31, 32, 41, 42, 46–55, 60–63, 67, 85, 88, 91, 92, 95, 97–99

Übungsform und -darstellung	**Methodische Hinweise**

Beispiel 1: „Längenwürfeln"

Mit dem präparierten Größenwürfel (mm, cm, dm, m, km, JOKER) wird gewürfelt; es muß jeweils ein Gegenstand genannt werden, der sich mit der Maßeinheit messen läßt.

Der erste Zugriff auf die Längenmaße sollte sich auch auf die praktische Anwendung beziehen. Die sichere Zuordnung Maß – Gegenstand ist die Voraussetzung für den Umgang mit Längenmaßen schlechthin. Diese sollte an sich vor den eigentlichen mathematischen Übungen (Umwandlungen, Rechnungen) stehen.

Beispiel 2: **Längen färben**

Gleiche mit gleicher Farbe!

450 cm	5 mm	4m 50cm
$\frac{1}{2}$ km	0,4 m	4 dm
4,00mm	45 dm	500 m
5000dm	40 cm	45000mm

Drei Felder bleiben weiß!

Bei dieser Übungsform steht bereits der Umwandlungsaspekt im Vordergrund. Die Aufgabe kann aber auch zur Betonung des Rechenaspekts umgewandelt werden:
– in die Felder werden Additions- und Subtraktionsaufgaben mit gleichen Lösungen eingesetzt, oder
– Rechenaufgaben und Umwandlungsaufgaben werden gemischt (1,2 m – 600 mm = 4,5 dm + 15 cm).

Beispiel 3: **Entfernungstabellen**

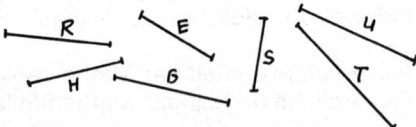

Straße / Bahn	Schönau	Kahlberg	Grüntal	Heide
Schönau		45	123	344
Kahlberg	52		101	689
Grüntal	116	93		83
Heide	351	704	75	

Solche Entfernungstabellen finden sich oft in Taschenkalendern, vielfach nach Straßen- und Bahnkilometern getrennt. Auch damit lassen sich Kopfrechenübungen zusammenstellen:
– Zusammenrechnen der Entfernung von Rundreisen,
– Entfernungsvergleiche („Was ist weiter: Stuttgart–Köln oder Köln–Hamburg?")
– Vergleich Bahn-/Straßenkilometer

Beispiel 4: **Strecken messen**

 Mit der Einheitsstrecke von 6 mm kannst du die Längen ordnen und berechnen!

Zusatz: Längen aus Landkarten entnehmen!

Das Messen von Strecken ohne Lineal (z.B. mit Stechzirkel auf Folie oder Papier, mit Schnur an der Wandtafel) sollte mit dem genauen Nachmessen verknüpft werden. Auch Längenadditionen lassen sich graphisch (Abtragen auf einer Geraden) und rechnerisch (Addieren der Längen) bewältigen.

Beispiel 5: **Längenstern**

Genau 20 m! Zuviel oder zuwenig?

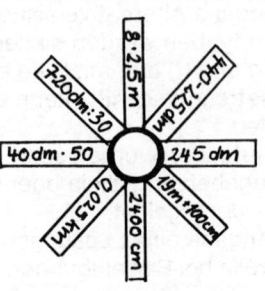

Hierbei ist nochmals der Ergänzungs- und Umrechnungsaspekt angesprochen. Es bieten sich dafür auch eine ganze Menge gleichwertiger graphischer Darstellungsformen an:
– Tabelle (zum Ausfüllen/Abdecken)
– Leerstellenaufgaben

Als weitere Übungsformen empfehlen sich: 4–6, 10–12, 14, 15, 23, 26, 49, 88, 91

Übungsform und -darstellung	Methodische Hinweise

Beispiel 1: Figuren auslegen

Welche Kästchenfläche bedecken die beiden Häuser? Wieviel Kästchen sind Putz, wieviel Fenster…?
Was wäre, wenn man dasselbe Haus nochmals anbauen würde (um ein Stockwerk erhöhen würde)?

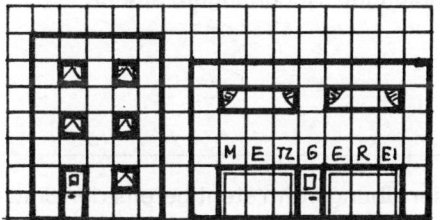

Neben der einfacheren Aufgabenstellung, die Zahl der Rechenkästchen anzugeben, die die Darstellung bedeckt, können auch andere Grundmaße herangezogen werden:
– Türe, verschiedene Fenster als „Einheit"
– echte Maßeinheiten mm^2, cm^2, dm^2 (Umrechnungsproblem)

Beispiel 2: Flächenmaßtabelle

	km²		
	ha	271	
30	a		
	m²		
60	dm²		
	cm²	5140	
	mm²		

Einführende Übungen wären etwa das Umrechnen von Größenangaben in die nächstgrößere oder kleinere Einheit. Daran können sich auch systematische Übungen anschließen:
– Umrechnen einer gegebenen Größenangabe in alle anderen Einheiten (Multiplikation und Dezimalbruchrechnung werden wiederholt);
– Angaben von konkreten Flächen, die mit den Maßen gemessen werden können, z.B. a – Baugrundstück, ha – Acker, Wald; m^2 – Zimmer usw.

Beispiel 3: Wendekärtchen

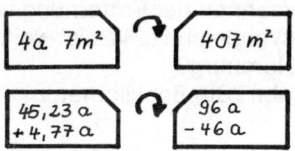

Wendekärtchen eignen sich besonders gut für Umrechnungsübungen, ebenso für Additions- und Subtraktionsübungen, wie die Beispiele zeigen sollen. Fertigt man von den Additions- und Subtraktionskarten jeweils zwei vom selben Ergebnis an, kann man mit diesen Kärtchen auch Memory oder unter Hinzunahme einer ‚Sonderkarte' „Schwarzer Peter" spielen.

Beispiel 4: Papierfresser

Reicht dem Papierfresser das Papier in der Hand für 1 m²?

Die Grundaufgabe, die dargestellten Flächen zu addieren bzw. bis zu einer Zielzahl zu ergänzen, kann auch auf konkrete Aufgaben des täglichen Lebens ausgedehnt werden:
– Welche Papierfläche enthält das Mathematikbuch?
– Welche Papierfläche enthält das Mathematikheft?

Beispiel 5: Aufgaben korrigieren

Nr	Aufgabe	r/f
1	45a + 500m² = 50a	
2	3,5ha – 1,5ha = 5h	
3	2,7 cm² + 300mm² = 3cm²	

Verschiedene Alternativen sind denkbar:
– Die Aufgaben werden diktiert, die Schüler schreiben nur (r) und (f) auf; mit Hilfe eines Tonband- oder Cassettenmitschnitts kann das Ergebnis überprüft werden.
– Die Aufgaben werden schriftlich (Arbeitsblatt, Folie) vorgegeben und allein oder im Klassengespräch/in der Gruppe gelöst,
– Die Angabe eines Lösungsworts erlaubt auch Selbstkontrolle bei Einzelübungen.

Als weitere Übungsformen empfehlen sich: 4–8, 10–12, 14, 15, 23, 26, 34, 49, 65, 80, 84, 88, 91

Übungsform und -darstellung	Methodische Hinweise
Beispiel 1: **Volumina schätzen** 	Mitgebrachte Gläser, Becher usw. sollen in eine Reihenfolge bezüglich des Rauminhalts gebracht werden. Es kann die Richtigkeit der Schätzung überprüft werden mit – einem selbst hergestellten Standardmaß (z. B. Markierung an einem Glas), – durch ein geeichtes Meßgefäß oder mehrere geeichte Meßgefäße verschiedener Größe (Schnapsglas, Weinglas, Bierglas mit Markierung).
Beispiel 2: **Umrechnungsübungen** 3 dm³ (cm³) 518 m³ (dm³) 148 cm³ (mm³) 600 l (hl) 3,54 hl (l) 2000 cm³ (dm³)	Ähnliche Übungen finden sich in vielen Unterrichtswerken. Zu Beginn empfiehlt sich, zunächst pro Aufgabenreihe nur zwei Größen zu verwenden. Später können auch gemischte Aufgabenserien, beispielsweise auf Wendekarten, bearbeitet werden.
Beispiel 3: **Stellenwerttafel** 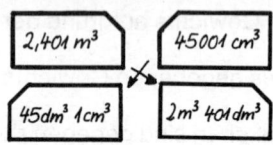	Aufgrund der Tausendteiligkeit der Raummaße eignen sich diese besonders für die Darstellung in der Stellenwerttafel – entsprechend den Zahlen im Zehnersystem. Übungsformen dieses Aufgabentypus: – Eintragen vorgegebener Zahlen bzw. Größen, – Lesen von Größenangaben, – gleichzeitiges Umwandeln dieser Größenangaben in andere Einheiten.

Beispiel 4: **Zuordnungsübungen**
 	
 2,401 m³   45001 cm³
 45dm³ 1cm³   2m³ 401dm³
 	
 Auch für Wendekarten, Memory, Schwarzer Peter usw. geeignet!
	Möglich sind – abweichend vom Beispiel – auch Zuordnungen
	 – zwischen Größentermen, z. B.
	    12,4 dm³ – 2400 cm³ = 0,2 hl – 10 l
	
	 – zwischen Größenwerten, z. B.
	    23,99 m³ = 23990 l

Beispiel 5: **Operatortürme** 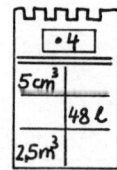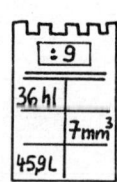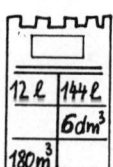	Diese Darstellung eignet sich auch für die anderen Grundrechnungsarten. Zusätzlich könnte noch die Umwandlung in andere, vorgegebene Größeneinheiten angeschlossen werden. Weiter könnte auch eine Verkettung mehrerer Operatortürme neue Übungsmöglichkeiten schaffen.
Beispiel 6: **Größenfächer** 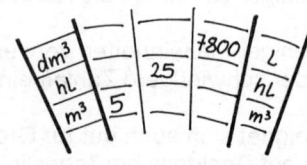	Der Größenfächer eignet sich gut zur Darstellung der gleichzeitigen Umwandlung in mehrere verwandte Größeneinheiten. Die Wahl der Zahlen bestimmt den Schwierigkeitsgrad: – Nur mit einfachen Multiplikationen/Divisionen lösbar, oder – Umwandlungen in Dezimalbrüche (Kommazahlen) notwendig.

Als weitere Übungsformen empfehlen sich: 4–8, 10–12, 14, 15, 23, 26, 49, 75, 88, 91

Übungsform und -darstellung	Methodische Hinweise

Beispiel 1: **Balkenwaage**

Welche Gewichte kann man so messen?
Gehen auch 80 g (4oo g, 900 g)?

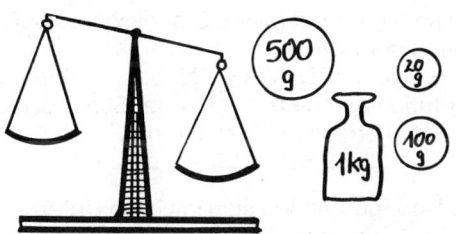

Handlungsorientierte Übungen können das Kopfrechnen unterstützen und ergänzen. So können beispielsweise mit Joghurtbechern und gekörntem Material (Sand, Zucker, Salz, Grieß) mit wenig gegebenen Gewichtssteinen andere Gewichte austariert werden. (Z.B. erhält man durch Teilen von 20 g die Hilfsgröße 10 g; damit lassen sich neue Gewichtsbereiche erschließen.)

Beispiel 2: **Wiegesatz**

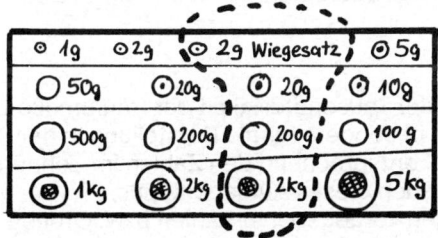

Können mit dem eingerahmten Teilsatz auch 1798 g ausgewogen werden?

Neben praktischen Wiegeübungen können auch theoretische Probleme angesprochen werden:
- meßbares Höchstgewicht
- Meßmöglichkeiten beim Verlust bestimmter Gewichtssteine.

(Nebenstehende Aufgabe ist tatsächlich lösbar: Man legt bewußt den zu schweren 2-kg-Stein auf die andere Seite und tariert mit 200 g und 2 g das Gewicht auf der anderen Seite aus!)

Beispiel 3: **Wiegetabelle**

Gewicht	?	?	?	?	3788 g	5235 g
1 g		X		X		
2 g	X	X	X	X		
2 g			X			
5 g		X		X		
10 g	X					
20 g		X		X		
20 g	X			X		
50 g	X	X	X	X		
100 g		X				
200 g	X		X	X		
200 g		X		X		
500 g	X	X	X	X		
1 kg						
2 kg	X		X	X		
2 kg		X		X		
5 kg		X		X		

Die beiden reversiblen Grundaufgaben sind im Beispiel dargestellt:
- Errechnen des Gewichts aufgrund der angekreuzten Angaben,
- Darstellen eines gegebenen Gewichts durch Ankreuzen.

Variationsmöglichkeiten sind gegeben durch Vorschriften wie:
- möglichst wenig Gewichte zu verwenden,
- bestimmte Gewichte nicht zu verwenden.

Beispiel 4: **Gewichteschlucker**

Der Gewichteschlucker hat zugeschlagen! Welches Gewicht hat er verschluckt?

Er darf eigentlich nur 3 kg fressen!

750 g
$\frac{1}{2}$ kg 2 kg 750 g

Die Aufgabenschwierigkeit kann verändert werden, indem
- mehr oder weniger Größen in die Aufgabe eingebaut werden,
- mehr oder weniger Maßeinheiten verwendet werden,
- einfachere oder schwierigere Zahlen eingetragen werden.

Diese Aufgabe eignet sich auch gut für Größeneinträge der Schüler z.B. auf Deckfolie am Tageslichtschreiber.

Als weitere Übungsformen empfehlen sich: 4–8, 10–12, 14, 15, 18, 23, 26, 49, 59, 88, 91

Übungsform und -darstellung	Methodische Hinweise

Beispiel 1: **Rechengeld zählen**

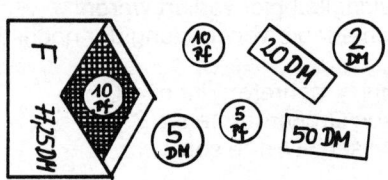

Einzelne Schüler oder Schülergruppen müssen jeweils Rechengeld in Umschlägen zählen und den Betrag unter dem Kennbuchstaben mitschreiben. Nach einer bestimmten Zeit werden die Umschläge jeweils weitergegeben.

Beispiel 2: **Geldtabelle**

Betrag ▶	58,78 DM	DM	8,99 DM	1419,21 DM
① Pf	1 x			
② Pf	1 x	2 x	X	
⑤ Pf	1 x	1 x		
⑩ Pf	2 x	3 x	X	
㊿ Pf	1 x	1 x		
① DM	1 x	4 x	X	
② DM	1 x			
⑤ DM	1 x	1 x	X	
10 DM				
20 DM		2 x		
50 DM	1 x	3 x		
100 DM		3 x		
500 DM		1 x		
1000 DM		1 x		

Die beiden Grundübungen sind:
– Darstellen von Geldwerten durch Ankreuzen in der Tabelle
– Errechnen von eingetragenen Geldwerten.
Zusätzlich können im Sinne einer Differenzierung Geldbeträge auch mit Spielgeld nachgelegt werden. Als Grundfolie angelegt, können hierbei am Tageslichtprojektor mit Hilfe von aufgelegten Deckfolien verschiedene Schwierigkeitsgrade (siehe Beispiel links) kurzfristig verfügbar gemacht werden.
Auch können die Schüler selbst aktiv werden, wenn sie in Leerfeldern selbst Aufgaben stellen dürfen. Bei ausgeschaltetem Projektor können auch Größen diktiert, eingetragen und gleichzeitig von der Klasse im Kopf aufsummiert werden.

Beispiel 3: **Sonderangebot**

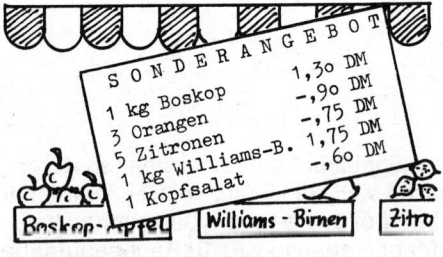

SONDERANGEBOT
1 kg Boskop   1,30 DM
3 Orangen   -,90 DM
5 Zitronen   -,75 DM
1 kg Williams-B.   1,75 DM
1 Kopfsalat   -,60 DM

Boskop-Apfel   Williams-Birnen   Zitro

Mit Hilfe solcher Bilder, eventuell auch aus Zeitungen kopierten Anzeigen lassen sich vielfältige Übungsmöglichkeiten entwickeln:
– Berechnen des Gesamtbetrags nach einem Einkaufszettel
– Berechnen von veränderten Einzelbeträgen „Was kosten 5 Pfund Tomaten?" usw.

Beispiel 4: **Preisvergleich**

SONDERANGEBOT

Sonderangebote von verschiedenen Firmen werden gesammelt und auf Karton geklebt. Diese Kartons werden an verschiedenen Stellen im Klassenzimmer aufgehängt. Die Schüler sollen vorgegebene Waren (Einkaufszettel) möglichst preisgünstig einkaufen.

Als weitere Übungsformen empfehlen sich: 4–8, 10–12, 14, 15, 17, 23, 26, 49, 88, 91

Übungsform und -darstellung	Methodische Hinweise

Beispiel 1: Zeiten ergänzen

Ergänze die Leerstellen!

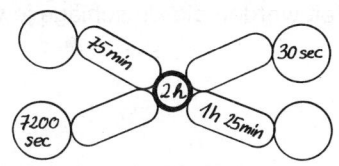

Je nach Wahl der Zahlen und Zeiteinheiten kann die Aufgabenschwierigkeit hier variiert weren:
– anfänglich nur die Verwendung der nächstkleineren Einheit,
– Verwendung mehrerer Einheiten,
– Einbau von Größentermen, z.B. 35 min 44 sec + 1 h 16 sec.

Beispiel 2: Zeitspannentabelle

B E G I N N	D A U E R	E N D E
7.15 Uhr		12.30 Uhr
8.25 Uhr	3 h 30 min	
1891	75 Jahre	
	11 Monate	Mai 1983
30. April		14. Juni

Die drei möglichen Grundaufgaben sind am Aufgabenbeispiel zu erkennen und sollten wechselweise geübt werden. Daneben können solche Aufgaben aber auch in Textform gekleidet werden:
„Martina wurde am 5.5.1973 geboren. Wie alt ist sie heute?"
„Ein Neugeborenes muß alle 4 Stunden Nahrung aufnehmen. Die erste Nahrung erhielt es um 2.30 Uhr."

Beispiel 3: Zuordnungsübung

Ordne zu! Links und rechts sind gleiche Werte versteckt!

2h 30min	450 Sec		1 min		75 Tage
	21 Tage				
48 Stunden			2 Tage		
	2½ Monate				
			7min 30 sec	28 Tage	
4 Wochen	3600 sec		150 min	3 Wochen	

Gleiche Größenpaare müssen aufgefunden und verbunden werden.
Die Aufgabe kann dadurch erschwert werden, daß die Zuordnung nicht eindeutig ist, d.h., es bleiben Größen übrig bzw. mehrere Größen entsprechen sich gegenseitig.

Beispiel 4: Lebensalter berechnen

Berechne das Lebensalter der Mathematiker in der Tafel!

Albert Einstein   14. 3. 1879 – 18. 4. 1955
Carl Fr. Gauß   30. 4. 1777 – 23. 2. 1855
Henri Poincaré   29. 4. 1854 – 17. 7. 1912
Leonhard Euler   15. 4. 1707 – 18. 9. 1783

Zur Differenzierung können einzelne Schüler neben den Jahren auch noch die Tage und Monate des Lebensalters berechnen (Schaltjahre beachten!).

Beispiel 5: Kolonnenaufgaben

Verwandle in die dahinter angegebene Einheit!

3 h (min)	120 min (h)	5 Tage (h)
5 min (sec)	720 sec (min)	1 Jahr (Tage)
3600 sec (min, h)	14 400 min (h, Tage)	

Viele der in Schulbüchern angegebenen Kolonnenaufgaben lassen sich zur Übung vor der schriftlichen Darstellung im Kopf ausrechnen. Das gilt für Umrechnungsaufgaben ebenso wie für Rechenaufgaben.
Auch Kalender (Sonnenaufgang, Sonnenuntergang, Mondaufgang, Monduntergang) lassen sich für Aufgabenstellungen heranziehen.

Beispiel 6: Scherzaufgabe

Am Nachmittag des 29. Februar 1983 raubten 2 Einbrecher die Stern-Bank in Hintertupfingen aus. In nur zwei Stunden schweißten sie den Tresor und die Schließfächer der Bank auf und...

Zum Unterrichtsanfang, aber auch zur Auflockerung (z.B. beim Wechsel der Arbeitsform) bieten sich solche nicht ganz ernst zu nehmende „Kopfrechenaufgaben" an.

Als weitere Übungsformen empfehlen sich: 4–8, 10–12, 14, 15, 18, 23, 26, 49, 88, 91

Übungsform und -darstellung	Methodische Hinweise

Beispiel 1: Größen ordnen

Färbe gleich, was zusammengehört!
Du kommst mit 4 Farben aus!

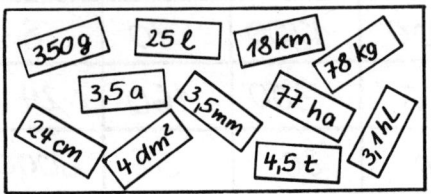

Neben der Einordnung der Größen in die entsprechenden Größenbereiche (siehe Beispiel) können die Maßeinheiten auch nach Umrechnungsfaktoren oder Größe gruppiert werden.
Die rasche und sichere Einordnung von Maßeinheiten ist die notwendige Voraussetzung für alle weiteren übergreifenden Aufgaben.

Beispiel 2: Pfeilbild

Zeichne immer einen Pfeil zur nächstgrößeren Einheit und gib den Umrechnungsfaktor an. Beginne bei *!

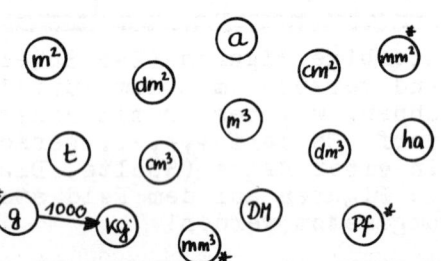

Das Pfeilbild bietet eine noch weitreichendere Ordnungsmöglichkeit nach mehreren Gesichtspunkten gleichzeitig. Das Beispiel zeigt eine Aufgabe, bei der die Einordnung der Maßeinheiten, die Größenordnung und der Umrechnungsfaktor gleichzeitig beachtet werden müssen.

Beispiel 3: Additionstabelle

Zwei zusammen ergeben immer eine glatte Zahl!

98 hL	76 dm²	35 ha	600 Pf	5000 g
4 DM	1 ztr	✗	50 kg	2400 cm²
5 kg	6500 a	1000 mm³	200 L	99 cm³

Neben der Ordnung der Größen kommt hier noch der Gesichtspunkt der Umrechnung und der Addition zum Tragen. Damit ist auch dem rein rechnerischen Aspekt gedient. Lösungskontrollmöglichkeiten – wie sie dieses Beispiel sogar zur Selbstkontrolle für den Schüler anbietet – sollten angesichts der unterschiedlichen Rechengeschwindigkeit unbedingt eingebaut werden.

Beispiel 4: Einheitspreise

Was kostet jeweils eine Einheit?

	Menge	DM Preis	DM Preis/Einh.
Saft	2 l	3,50	
Bier	0,5 l	-,90	
Telefon	7 Einh.	1,61	
Bauplatz	500 m²	25.000	
Humus	14 m³	2.100	
Kartoffeln	12 kg	14,40	

An diesem Beispiel kann eine Möglichkeit der Verbindung aller Größenbereiche mit der Division aufgezeigt werden. Der Schwierigkeitsgrad der Übung steigt, wenn zum Errechnen der Einheit zuvor in die nächstkleinere Maßeinheit umgerechnet werden muß.

Als weitere Übungsformen empfehlen sich: Kopiervorlage 'Größen-Umrechnungsübersicht' sowie
4–8, 10–12, 14, 15, 17, 18, 23, 26, 49, 58, 88, 91

SPIELPLAN: Vier in einer Reihe

• = 1 oder 100	
• • = 2 oder 20	
• • • = 3 oder 30	
• • • • = 4 oder 40	
• • • • • = 5 oder 50	
• • • • • • = 6 oder 60	

120	90	42	10	20	130
54	110	60	35	180	45
240	80	800	1200	70	8
48	50	36	300	160	24
25	1000	6	80	56	6000
200	600	140	19	4	70
180	24	16	48	90	34
50	9	18	1200	300	180

Spielmaterial: 2 Würfel, je Spieler 6 gleichfarbige Figuren (2-6 Spieler)
Spielverlauf: Jeder Spieler würfelt reihum und versucht mit dem Würfeler-
gebnis ein Zahlenfeld zu errechnen, welches er mit einer
seiner Spielfiguren besetzen darf. Es darf +,-,·,: gerechnet
werden. Wer zuerst 4 Figuren in einer Reihe (Spalte, Dia-
gonale) hat, gewinnt. Wenn alle Figuren auf dem Feld stehen,
müssen diese auf neue Felder umgesetzt werden!

SPIELPLAN: Hausnummern würfeln

Spieler	Milliarden			Millionen			Tausender			Einer		
Name:	HMd	ZMd	Md	HMio	ZMio	Mio	HT	ZT	T	H	Z	E

Spielmaterial: Würfel, Schreibzeug
Spielverlauf: Die Spieler tragen ihren Namen in den Spielplan ein. Es wird
reihum gewürfelt und die Augenzahl in eines der Felder eingetragen. Sieger ist, wer am Schluß die höchste Zahl erreicht
hat und diese lesen kann!
Variation: → Kleine Hausnummer: Die kleinste Zahl gewinnt
→ Ansagen: Vor dem Wurf muß die Spalte angesagt werden, in die
die Augenzahl einzutragen ist!
→ Mit 2 Würfeln: Augensumme zählt; 11 ergibt 1, 12 ergibt 0.
10

Stundenblatt 6.1
Themenbereich: Vielfache, Teiler und Teilbarkeit

6. Schuljahr

Übungsform und -darstellung	Methodische Hinweise
Beispiel 1: **Zahlensack**  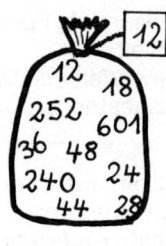	Diese Übung des ,Vielfachen-Suchens' ist eine Möglichkeit zur Wiederholung des Einmaleins. Eingestreute größere Zahlenwerte fördern die Kombinationsgabe im Sinne einer Differenzierung. Die Übungsform ist sowohl in Stillarbeit (Arbeitsblatt) als auch vor der Klasse (Folie) einsetzbar.
Beispiel 2: **Dominospiel** 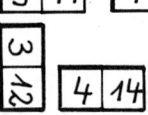	Die Schüler dürfen immer dann einen Stein anlegen, wenn sie einen Teiler der vorhergehenden Zahl besitzen. Bei der Herstellung der Steine ist zu beachten, daß die rechte Zahl stets größer als die linke sein sollte und keine Primzahlen verwendet werden.
Beispiel 3: **Karten ablegen** 	Die Zahlenkarten 1–100 werden in der Gruppe ausgeteilt und es wird eine bestimmte Anzahl von Würfelrunden festgelegt. Innerhalb dieser Runden dürfen Vielfache der erwürfelten Zahl abgelegt werden. Variationen: a) Der Würfel erhält ein ,Joker'-Feld aufgeklebt; erwürfelt man den Joker, darf man eine beliebige Karte (Primzahlen!) ablegen! b) Es werden mit zwei verschiedenfarbigen Würfeln zweistellige Zahlen erwürfelt; abgelegt werden darf, wenn der Würfelwert und die Ablagekarte einen gemeinsamen Teiler aufweisen.
Beispiel 4: **Sieb des Eratosthenes** 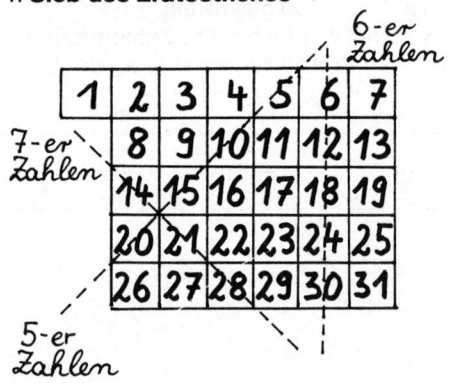	In der Zahlentabelle (gewählte Anordnung ist bewußt!) müssen die Schüler Zahlen nach folgendem Plan streichen: 1. Streiche 1. 2. Streiche die nächsthöhere noch nicht gestrichene Zahl und alle ihre Vielfachen. (Als ,Rest' bleiben die Primzahlen stehen!)
Beispiel 5: **Kartenspiel ,Das größte Vielfache sticht'** 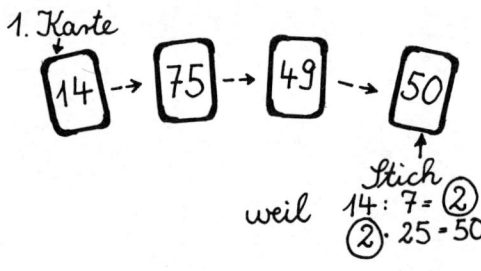	Die Karten 1–100 werden in der Schülergruppe verteilt. Ein vorher bestimmter Schüler spielt seine kleinste Karte aus. Die Mitspieler legen jeweils eine Karte dazu. Den Stich hat derjenige, der die höchste Karte ausspielt, die mit der zuerst ausgespielten einen gemeinsamen Teiler hat. (Siehe Beispiel)

Übungsform und -darstellung	Methodische Hinweise
Beispiel 6: Teilersuchen 	Die Klasse wird in etwa gleich große Schülergruppen (Mannschaften) aufgeteilt. Ein Schüler darf eine Zahl durch Einkreisen wählen; die Gruppe, welche die meisten Teiler angeben kann, darf die Zahl streichen und eine neue einkreisen. Variationen: a) Als Tafelanschrieb, Folie oder Arbeitsblatt (Partnerspiel) b) Es wird gewürfelt und Vielfache der gewürfelten Zahl dürfen ausgestrichen werden.
Beispiel 7: Gegenteiler suchen 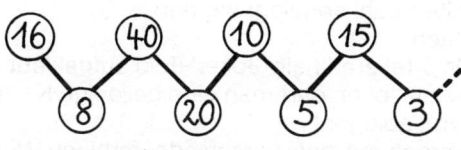	Ein Schüler zieht aus einem Satz Hunderterkarten eine Zahl und sagt einen Teiler. Wer den Gegenteiler weiß, darf die nächste Karte ziehen. **Anmerkung:** Bei 24 gilt z.B.: 8 ist Gegenteiler von 3, 4 ist Gegenteiler von 6, usw.
Beispiel 8: Rechenkette	Zu einer vorgegebenen Zahl muß stets entweder ein Vielfaches oder ein Teiler genannt werden. Alle Schüler sind der Reihe nach gefordert.

Beispiel 9: Spielplan (siehe S. 17)

Der Spielplan ‚Teiler, Vielfache und Teilbarkeit' ist universell einsetzbar, was an zwei Variationsmöglichkeiten gezeigt werden soll:
a) Vor Behandlung der Teilbarkeitskriterien wird nur im Zahlenraum zwischen 0 und 100 gewürfelt.
b) Nach Behandlung der Teilbarkeitskriterien können durch Hinzunahme weiterer Würfel höhere Zahlenräume erschlossen werden. Dabei können die Stellenwerte der verschiedenfarbigen Würfel zunächst festgelegt, später auch variabel sein (Strategiespiel).

Als weitere Übungsformen empfehlen sich: 10–12, 14, 15, 28, 43, 49, 62, 88–91

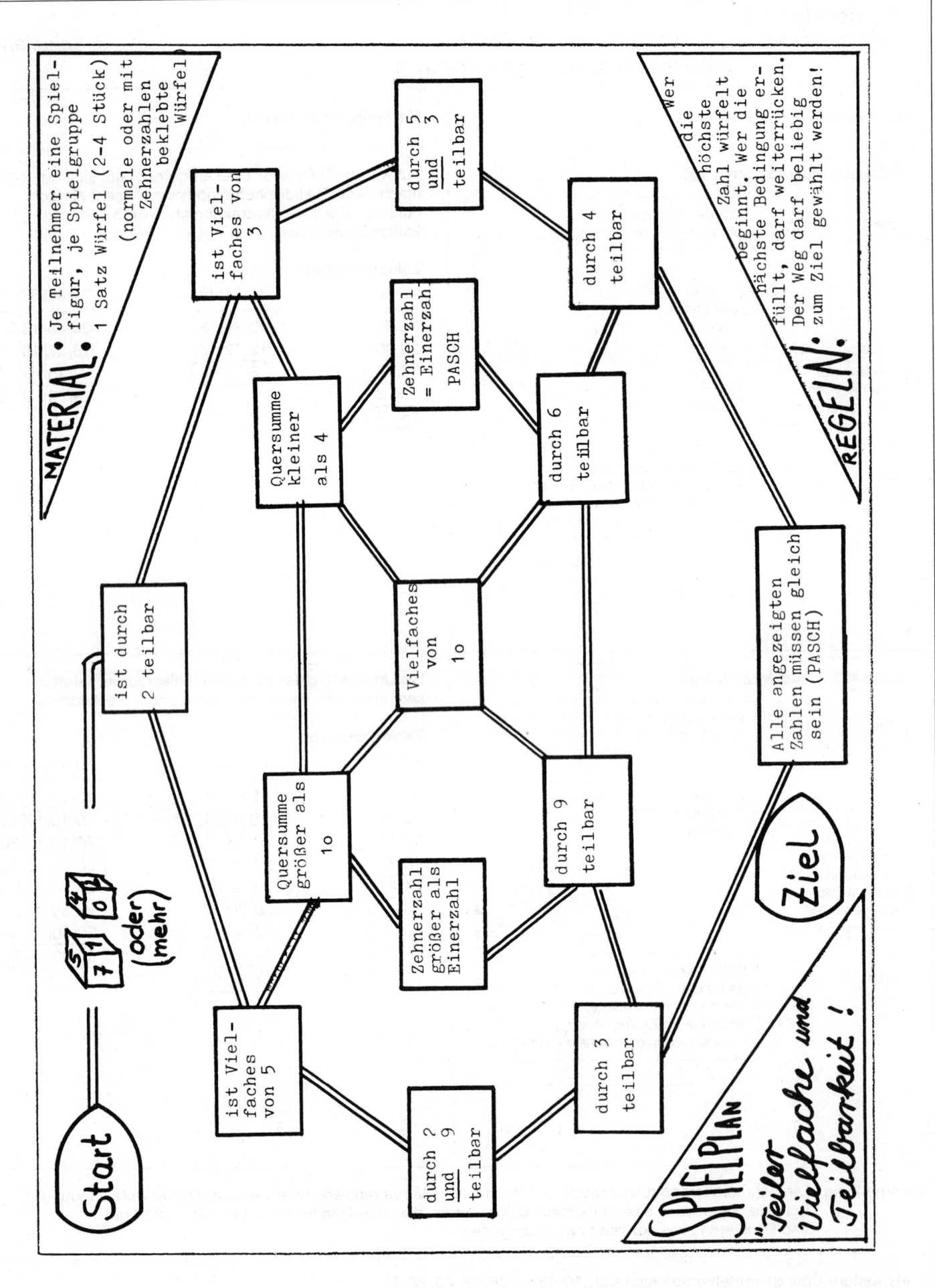

MATERIAL:
- Je Teilnehmer eine Spiel-figur, je Spielgruppe 1 Satz Würfel (2–4 Stück) (normale oder mit Zehnerzahlen beklebte Würfel)

REGELN: Wer die höchste Zahl würfelt beginnt. Wer die höchste Bedingung er-füllt, darf weiterrücken. Der Weg darf beliebig zum Ziel gewählt werden!

Start

oder (mehr)

ist durch 2 teilbar

ist Viel-faches von 3

durch 5 und 3 teilbar

Zehnerzahl = Einerzahl PASCH

Quersumme kleiner als 4

durch 4 teilbar

durch 6 teilbar

Vielfaches von 10

Quersumme größer als 10

Zehnerzahl größer als Einerzahl

durch 9 teilbar

Alle angezeigten Zahlen müssen gleich sein (PASCH)

ist Viel-faches von 5

durch 2 und 9 teilbar

durch 3 teilbar

Ziel

SPIELPLAN
"Teiler, Vielfache und Teilbarkeit!"

Übungsform und -darstellung

Beispiel 1: **Flußdiagramm ggT**

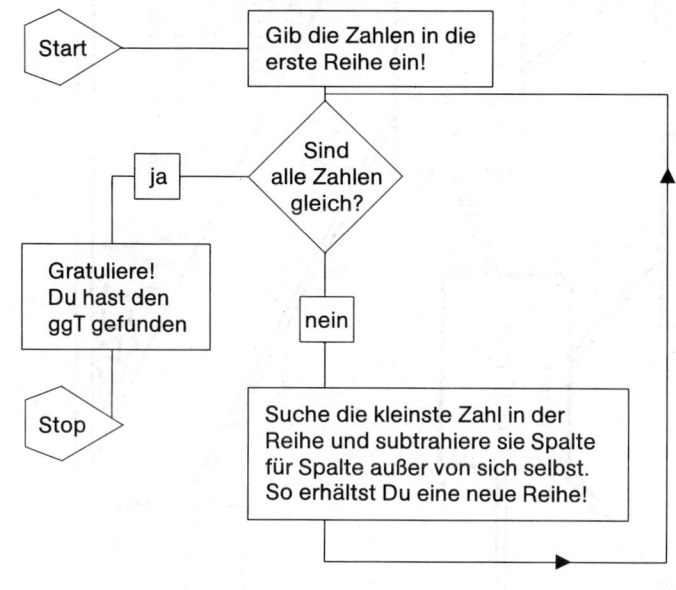

Methodische Hinweise

Auf Karton, Folie oder Tafel aufgemalt, läßt sich der ‚ggT‘ (nach dem „Euklidischen Algorithmus") sehr einfach durch wiederholte Subtraktion auch für 3 und mehr Zahlen bestimmen.

Zahlenbeispiele:

72	56
16	56
16	40
16	24
16	8
(8	8)

36	24	42
12	24	18
12	12	6
(6	6	6)

81	45	63	72
36	45	18	27
18	27	18	9
9	18	9	9
(9	9	9	9)

Beispiel 2: **Flußdiagramm kgV**

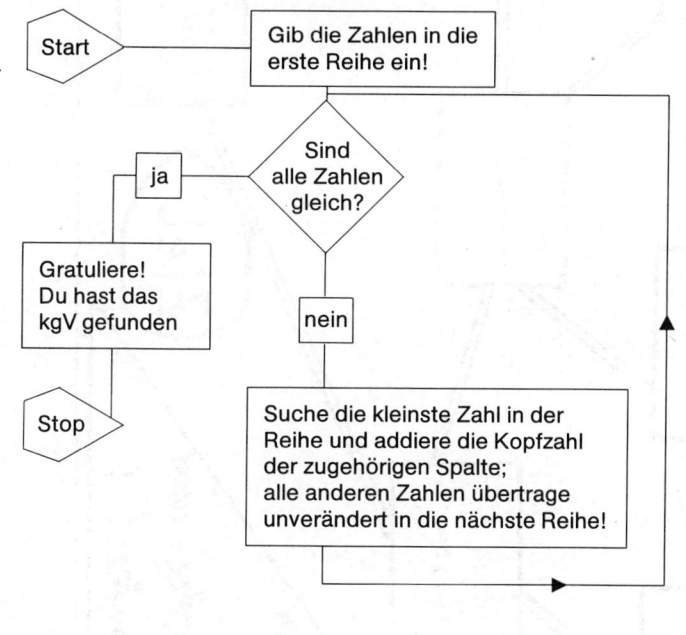

Die Umkehrung des obigen Flußdiagramms liefert ein sehr einfaches Verfahren über wiederholte Addition.

Zahlenbeispiele:

6	8
12	8
12	16
18	16
18	24
(24	24)

14	6	21
14	12	21
14	18	21
28	18	21
28	24	21
28	24	42
28	30	42
42	30	42
42	36	42
(42	42	42)

10	15	6	5
10	15	6	10
10	15	12	10
20	15	12	20
20	15	18	20
20	30	18	20
20	30	24	20
30	30	24	30
(30	30	30	30)

Anmerkung: Die Schüler werden relativ rasch den Nachteil des Verfahrens erkennen: es benötigt oft viele unnötige Schritte. Sie werden allerdings rasch selbst lernen, die unnötigen Schritte durch Multiplizieren und Dividieren zu verkürzen bzw. zu umgehen.

Als weitere Übungsformen empfehlen sich: 10–12, 14, 15, 38, 49, 88–91

Übungsform und -darstellung	Methodische Hinweise
Beispiel 1: **Einführung Hohlmaße** 	Es empfiehlt sich, zu Beginn der Bruchrechnung einfache Bruchteile – in diesem Fall Stammbrüche – unter Wiederholung der Größen darzustellen, nötigenfalls auch über Füllversuche den Nachweis der Richtigkeit der Vermutungen zu führen. Durch ähnliche Versuchsreihen werden auch andere Stammbrüche deutlich.
Beispiel 2: **Einführung Gewicht** 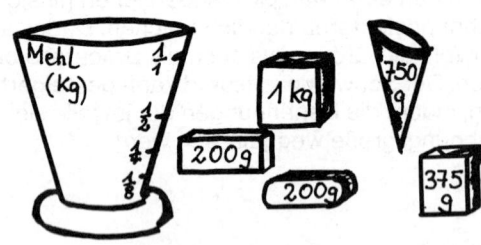 Zeichne ein, wie hoch Du einfüllen mußt!	Bei dieser Übung sind verschiedenartige Schwierigkeitsgrade angesprochen. Der Zusammenhang zwischen Dezimalbrüchen und Brüchen wird mit ähnlichen Aufgabenstellungen bereits vorbereitet. Durch die Eintragung schwierigerer Bruchwerte wird auch der Bereich des Schätzens angesprochen.
Beispiel 3: **Größenfächer** 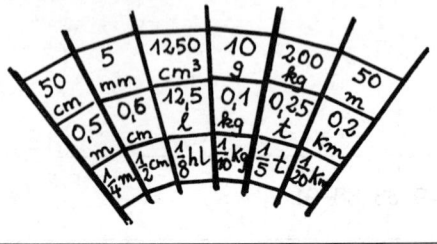	Jeweils ein Zahlenwert im Größenfächer – in diesem Fall mit Längenmaßen bestückt – ist falsch und zu verbessern. Mit dieser Übungsform lassen sich auch andere Größenbereiche für die Bruchrechnung erschließen.
Beispiel 4: **Bruchgrößen benennen** 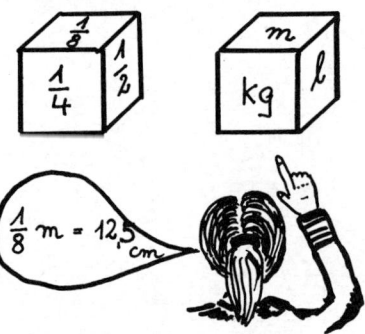	Mit zwei entsprechend beklebten Würfeln lassen sich vielfältige Größenumwandlungen durchführen: Der Bruchteil muß jeweils in eine ganze Zahl in der kleineren Einheit ausgedrückt werden. Besonders die häufig vorkommenden Brüche $\frac{1}{2}, \frac{1}{4}, \frac{1}{5}, \frac{1}{8}, \frac{1}{10}, \frac{1}{100}$ lassen sich so einschleifen.
Beispiel 5: **Bruchteile falten** 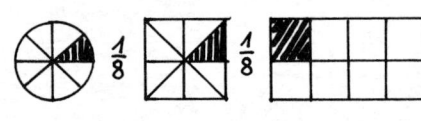	Als Gruppen- oder Partnerübung lassen sich Brüche durch Falten darstellen. Dazu eignen sich auch andere als die angegebenen Formen (z.B. Dreieck für Drittelbrüche ...).

Übungsform und -darstellung	Methodische Hinweise
Beispiel 6: Bruchteile ausmalen $\frac{3}{8}$ $\frac{3}{5}$ $\frac{4}{20}$ $\frac{2}{5}$	Die Schüler dürfen selbst Formen wählen und Bruchteile durch Bemalen darstellen. Auf der Rückseite wird zur Lernkontrolle der dargestellte Bruchwert vermerkt. Die Figuren können nun reihum von Schüler zu Schüler weitergegeben werden, wobei der Lehrer sich zur Kontrolle selbst in die Kette einschalten kann.
Beispiel 7: Auf ein Ganzes ergänzen $\frac{3}{4}$ $\frac{1}{2}$ $\frac{3}{8}$	Neben der skizzenhaften zeichnerischen Darstellung (Arbeitsblatt, Tageslichtfolie, Tafel) sollte auch schon die mündliche zahlenmäßige Ergänzung angestrebt werden.
Beispiel 8: Gleicher Bruchteil – verschiedene Zahlen $\frac{1}{4}$ m = ☐ cm $\frac{1}{4}$ min = ☐ sec $\frac{1}{4}$ kg = ☐ g $\frac{1}{4}$ dm² = ☐ cm² $\frac{1}{4}$ hl = ☐ l $\frac{1}{4}$ l = ☐ cm³ $\frac{1}{4}$ h = ☐ min	Mit dieser Aufgabe läßt sich der Unterschied zwischen den einzelnen Größenbereichen hinsichtlich Umrechnungsfaktoren deutlich machen. Dabei lassen sich sowohl die Größen als auch die Bruchteile beliebig variieren. Der Schwierigkeitsgrad kann gesteigert werden, indem die Benennungen der jeweils kleineren Umrechnungsgröße weggelassen werden.

Als weitere Übungsformen empfehlen sich: 4–8, 10–12, 14, 15, 18, 30, 40, 49, 63, 88–91

Übungsform und -darstellung	Methodische Hinweise
Beispiel 1: Verphiedene Namen finden 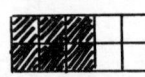 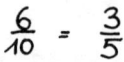 $\frac{6}{10} = \frac{3}{5}$ $\frac{4}{8} = \frac{2}{4} = \frac{1}{2}$	Die graphischen Darstellungen sind nur Beispiele, die zu Anfang dieser Übung den Schülern vorgegeben werden können. Zunehmend sollten die Schüler auch selbst gliederbare Figuren oder Gegenstände finden und benutzen (z.B. Eierschachteln, Großpackungen von Konsumgütern …), um wertgleiche Brüche anschaulich zu machen.
Beispiel 2: Erweitern mit Würfel   ACHTUNG: Zunächst nur echte Brüche (Zähler $<$ Nenner) verwenden.	Diese typische Kopfrechenübung ist sehr variabel: als Einzelübung vor der Klasse, als Partnerübung, als Gruppenwettstreit usw.; der von einem Stapel Bruchkarten gezogene Bruch muß mit der gewürfelten Zahl erweitert werden.
Beispiel 3: Tabelle 		2	5	9	11	12
$\frac{2}{5}$	$\frac{4}{10}$	$\frac{10}{25}$			
$\frac{1}{9}$	$\frac{2}{18}$						Die Tabellenform eignet sich besonders zur Differenzierung von Erweiterungsübungen, wenn der Schwierigkeitsgrad von links nach rechts und von oben nach unten gesteigert wird.
Beispiel 4: Fehlersuche $\frac{1}{3} = \frac{4}{12} \ne \frac{8}{20}$; $\frac{4}{5} \ne \frac{8}{12} \ne \frac{24}{30}$	Eine von Schülern sehr geschätzte Übung. Nach einigen einführenden Beispielen können die Schüler solche Aufgaben selbst erfinden.
Beispiel 5: Erweiterungsmaschine 	Das Maschinenmodell wird mit Hilfe des Tageslichtschreibers auf eine im Raum hängende Karte projiziert. Dahinter sitzt ein Schüler, der auf die Rückseite der Bruchkarten den erweiterten Wert schreiben darf – bis er einen Fehler macht. Dann wird er abgelöst. Es lassen sich – wie unten – auch Maschinen kombinieren!

Übungsform und -darstellung	Methodische Hinweise

Beispiel 6: Zuordnungen

$\frac{7}{14}$ $\frac{13}{39}$ $\frac{26}{52}$

$\frac{27}{33}$ $\boxed{\frac{1}{2}}$ $\frac{8}{4}$ Lösung: $\frac{1}{2}$

$\frac{2}{4}$ $\frac{9}{18}$ $\frac{15}{35}$

Brüche mit gleichem Wert müssen durch Pfeil zugeordnet werden. Zur Differenzierung kann zusätzlich verlangt werden: Brüche mit höherem/ niedrigerem Wert werden rot/blau eingefärbt. Auch hier können die Schüler nach einiger Einarbeitung mit dem Raster selbst Aufgaben formulieren und lösen.

Beispiel 7: Bruchhäuser

$\frac{1}{2}$ / $\frac{2}{?}$ / $\frac{3}{?}$ / $\frac{4}{?}$ / $\frac{?}{5}$

$\frac{3}{4}$ / $\frac{9}{?}$ / $\frac{12}{16}$

$\frac{24}{36}$

Bei den Bruchhäusern gilt als Regel:
1. Alle Brüche haben den gleichen Wert.
2. Der jeweils tieferstehende Bruch muß mit einer höheren Zahl erweitert sein.

Durch vermehrte bzw. verminderte Vorgaben läßt sich der Schwierigkeitsgrad staffeln. Daher eignet sich diese Übung besonders auch für eine individuelle Förderung z.B. in Stützkursen.

Beispiel 8: Suchen des Einheitsbruchs

$\frac{4}{8} = \frac{1}{\square} = \frac{5}{10}$ $\frac{9}{12} = \frac{}{\square} = \frac{6}{\square}$

$\frac{2}{6} = \frac{1}{\square} = \frac{\square}{15}$ $\frac{5}{\square} = \frac{1}{\square} = \frac{3}{6}$

Diese Übung ist bereits ein methodischer Vorgriff auf die Proportionalität (bzw. die ‚alte' Dreisatzrechnung) im 7.Schuljahr: Erst der Rückschluß auf den Einheitsbruch führt auf das gesuchte Ergebnis. Dabei können auch Begriffe wie ‚teilerfremd' noch einmal verdeutlicht werden.

Beispiel 9: Bruch-„Mau-Mau"

$\frac{1}{3}$ Mau mau

SPIELREGELN (sonst wie Mau-Mau)
1. Es darf abgelegt werden:
   – wenn der Zähler **oder** Nenner übereinstimmt;
   – wenn der Bruchwert übereinstimmt.
2. Beim Ablegen der letzten Karte ‚Mau'; wenn die Karte ein Stammbruch: „Mau-Mau"

Dieses Spiel schärft besonders den Blick für ‚wertgleiche' Brüche – und damit das ‚Erweitern' und ‚Kürzen'. Für den Anfang scheint bei den Karten eine Begrenzung der Bruchwerte unter 1 (Echte Brüche) und unter ‚Zehntel' sinnvoll. Später können auch andere Werte dazugenommen werden.

Als weitere Übungsformen empfehlen sich: 10–12, 14, 15, 29, 30, 37, 39, 49, 72, 81, 88, 91, 93, 101

Übungsform und -darstellung	**Methodische Hinweise**

Beispiel 1: Geometrische Ableitung

  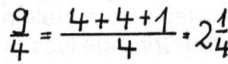

$$\frac{9}{4} = \frac{4+4+1}{4} = 2\frac{1}{4}$$

$$\frac{3}{2} = \frac{2+1}{2} = 1\frac{1}{2}$$

Zur Veranschaulichung der Umwandlungen unechter Brüche in gemischte Zahlen und umgekehrt bietet sich eine geometrische Ableitung über Flächenteile an. Dabei können nach einer gewissen Übungszeit auch die Schüler selbst Aufgaben formulieren.

Beispiel 2: Ableitung über Hohlmaße

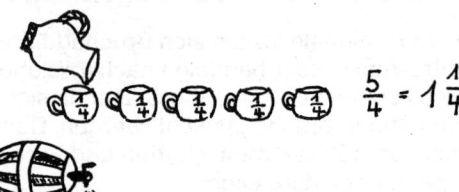

$$\frac{5}{4} = 1\frac{1}{4}$$

$$\frac{3}{2} = 1\frac{1}{2}$$

Die Ableitung über Hohlmaße bietet den Vorteil, daß hier der Schüler sowohl gedanklich als auch handelnd-experimentell angesprochen werden kann. Das Schätzen und Ausmessen von Gefäßen (Blumenvasen, Töpfe …) mit Hilfe von Meßgefäßen (Weinglas, Bierkrug, Schnapsglas mit Bruchmarkierung) läßt den Schülern das Umwandlungsprinzip deutlich werden.

Beispiel 3: Gleicher Wert – gleiche Farbe!

$2\frac{1}{3}$	$\frac{5}{4}$	$\frac{3}{2}$	$2\frac{3}{4}$
$\frac{8}{5}$	$4\frac{1}{6}$	$\frac{11}{5}$	$\frac{13}{4}$
$\frac{11}{4}$	$\frac{9}{4}$	$2\frac{1}{4}$	$1\frac{3}{5}$
$1\frac{1}{2}$	$2\frac{1}{5}$	$\frac{25}{6}$	$1\frac{1}{4}$

Diese Übung bietet den Vorteil, daß durch Variation der Zahlenwerte und Größe der Tabelle stufenweise differenziert werden kann. Gleichwertige Brüche und gemischte Zahlen müssen erkannt und gleich gefärbt werden. Statt Paaren kann man auch Tripel ($3\frac{1}{4}$, $\frac{26}{8}$, $\frac{13}{4}$) oder Quartette ($5\frac{4}{5}$, $\frac{29}{5}$, $5\frac{8}{10}$, $\frac{58}{10}$) verwenden.

Beispiel 4: Ganze Zahlen suchen

$\frac{1}{2}$	$\frac{5}{3}$	$\frac{2}{3}$	$\frac{19}{16}$	$\frac{14}{20}$	$\frac{2}{11}$	$\frac{6}{8}$	$\frac{7}{6}$	$\frac{11}{2}$
$\frac{2}{7}$	$\frac{9}{3}$	$\frac{34}{17}$	$\frac{28}{7}$	$\frac{5}{6}$	$\frac{7}{7}$	$\frac{5}{9}$	$\frac{6}{3}$	$\frac{6}{7}$
$\frac{8}{3}$	$\frac{16}{4}$	$\frac{2}{3}$	$\frac{10}{5}$	$\frac{4}{5}$	$\frac{50}{10}$	$\frac{12}{6}$	$\frac{3}{7}$	$\frac{9}{5}$
$\frac{6}{4}$	$\frac{9}{9}$	$\frac{8}{4}$	$\frac{1}{1}$	$\frac{9}{10}$	$\frac{10}{2}$	$\frac{5}{7}$	$\frac{4}{2}$	$\frac{7}{3}$
$\frac{3}{7}$	$\frac{4}{9}$	$\frac{16}{11}$	$\frac{15}{30}$	$\frac{9}{4}$	$\frac{17}{6}$	$\frac{10}{9}$	$\frac{9}{10}$	$\frac{11}{4}$

In diesem ‚Bruchacker' sind eine Menge ganze Zahlen versteckt. Sie müssen eingefärbt werden und ergeben ein Lösungswort. Als Differenzierung bietet sich an, zusätzlich Brüche größer bzw. kleiner als 1 verschiedenfarbig ausmalen zu lassen. Die Übung eignet sich sowohl als Frontal- wie auch Gruppen- oder Einzelaufgabe.

Als weitere Übungsformen empfehlen sich: 10–12, 14, 15, 30, 49, 82, 88, 91

Übungsform und -darstellung	Methodische Hinweise
Beispiel 1: **Sprünge am Zahlenstrahl** 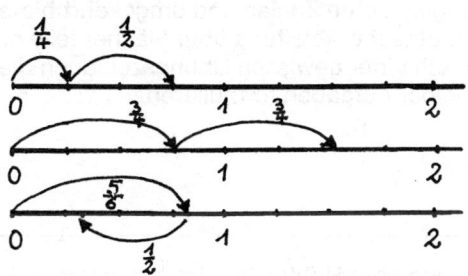	Für den Zweck des Bruchrechnens empfiehlt es sich, Zahlenstrahlvorlagen (groß – als Wandbild; klein – als Kopiervorlage) zu erstellen. Durch Einzeichnen oder Zeigen der Sprünge lassen sich vielfältige Additions- und Subtraktionsübungen variieren.
Beispiel 2: **Wer hat am meisten getrunken?** 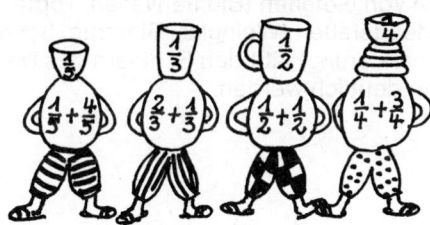	Mit Hilfe der Hohlmaße lassen sich Bruchaddition und Bruchsubtraktion wieder handelnd nachvollziehen: Beispielsweise können verschiedene Gläser hinsichtlich der wichtigsten Stammbrüche ‚geeicht' werden. Damit lassen sich durch Zusammenschütten und Entleeren die Rechenoperationen darstellen.
Beispiel 3: **Lösungswort gesucht** 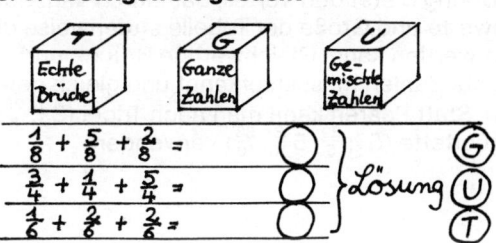	Durch diese Übung läßt sich die Bruchaddition zur Wiederholung der Bruchsystematik verwenden. Im Anschluß daran lassen sich auch Zuordnungsübungen durchführen: Bruchkarten werden in die 3 Kartons eingeordnet.
Beispiel 4: **Aufgaben würfeln** 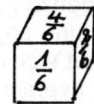  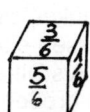 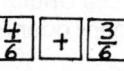 $\frac{4}{6} + \frac{3}{6}$ $\frac{4}{6} + \frac{3}{6} = \frac{7}{6} = 1\frac{1}{6}$ $\frac{4}{6} - \frac{5}{6}$ $\frac{5}{6} - \frac{4}{6} = \frac{1}{6}$	Drei Würfel werden wie folgt beklebt: 1. Brüche mit demselben Nenner 2. wie 1. 3. je zweimal +, – und · Alle drei Würfel werden zugleich geworfen und ergeben eine Aufgabenstellung. Diese Übung eignet sich sowohl als (Gruppen-)Spiel wie auch als Partneraufgabe.
Beispiel 5: **Bruchvergleiche** 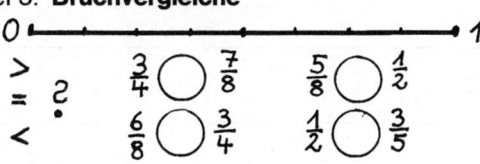	Ungleichnamige Brüche müssen zuerst umgewandelt werden. Der Zahlenstrahl ist dabei ein gutes Veranschaulichungsmittel.
Beispiel 6: **Alle heißen gleich** $\boxed{60} : \frac{2}{5} = \overline{60}$ $\frac{7}{10} = \overline{60}$ $\frac{18}{30} = \overline{60}$ $? : \frac{3}{4} =$ $\frac{7}{12} =$ $\frac{7}{8} =$ $? : \frac{2}{3} =$ $\frac{3}{4} =$ $\frac{4}{5} =$	Zur Suche nach dem Hauptnenner kann das Verfahren der kgV-Bestimmung nach Stundenblatt 6.2 verwendet werden. Neben reinen Umwandlungsübungen empfehlen sich auch Aufgabenstellungen zur Ordnung nach der Größe.

Übungsform und -darstellung	Methodische Hinweise
Beispiel 7: Jedes zweite Los gewinnt? 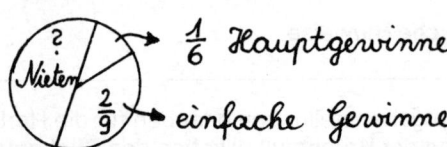	Sachaufgaben, als Diagramme, aber auch in kleinen Geschichten eingekleidet, bieten sich als Übungsmittel zu Beginn oder Ende einer Unterrichtsstunde an.
Beispiel 8: Tabellenrechnen 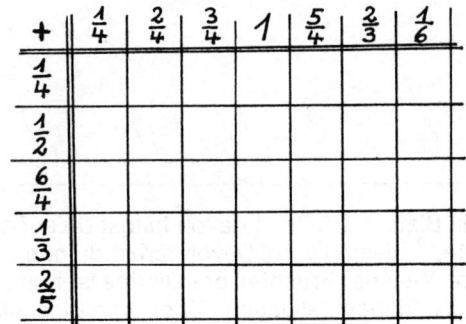	Diese Aufgabenform bietet vor allem wieder eine gute Differenzierungsmöglichkeit. Die Schwierigkeit der Rechenoperationen läßt sich steigern: 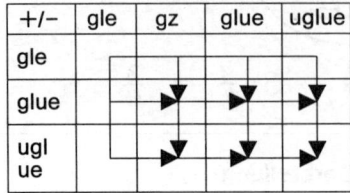 e = echt / u = unecht / gl = gleichnamig / ugl = ungleichnamig / gz = ganzzahlig Die Pfeile besagen: steigende Schwierigkeit

Der Übergang vom mündlichen zum halbschriftlichen (Ergebnisnotation) und schriftlichen Rechnen ist hier fließend und nicht eindeutig abgrenzbar.

Übungsform und -darstellung	Methodische Hinweise
Beispiel 9: Nahe bei 1 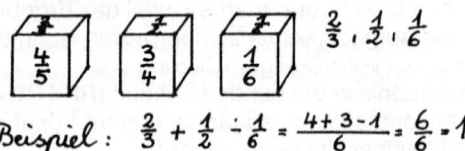	Es wird mit drei mit Brüchen beklebten Würfeln gewürfelt. Durch $+$ und $-$ Rechenoperationen ist anschließend möglichst nahe an 1 heranzukommen.
Beispiel 10: Zauberquadrat 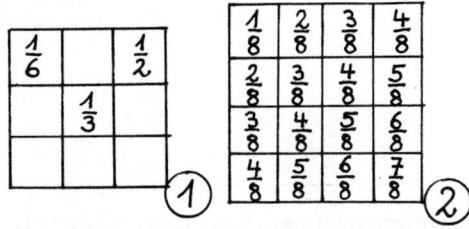	Beim Zauberquadrat muß sich in jeder Zeile, Spalte und Diagonale stets die gleiche, angegebene Summe einstellen. Je nach Zahlenwert und Anzahl der Felder ergibt sich der Schwierigkeitsgrad. Ausfüll- und Umordnungsübungen sind alternativ denkbar!

Als weitere Übungsformen empfehlen sich: 4, 5–8, 10–12, 14, 15, 19, 20, 25, 27, 29, 30, 35, 36, 42, 45, 49, 54, 56, 60, 63, 66, 67, 73, 76, 79, 82, 85, 89, 91, 92, 94, 96

Übungsform und -darstellung	Methodische Hinweise

Beispiel 1: Einfache Sachaufgaben

$$\frac{1}{4} + \frac{1}{4} + \frac{1}{4} = 3 \cdot \frac{1}{4} = \frac{3}{4}$$

Solche Aufgabenstellungen erlauben für die Herleitung und Übung der Bruchmultiplikation den Rückgriff auf die Addition mehrerer gleicher Brüche. Damit lassen sich alle Größenbereiche mit der Bruchrechnung verknüpfen.

Beispiel 2: Geometrische Darstellung der Bruchmultiplikation

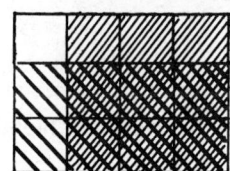

$$\frac{2}{3} \cdot \frac{3}{4} = \frac{2 \cdot 3}{3 \cdot 4}$$
$$= \frac{2 \cdot 3}{3 \cdot 4}$$
$$= \frac{2}{4} = \frac{1}{2}$$

„Falte ein Blatt in 3 Teile; $\frac{1}{3}$ davon faltest du auf die Rückseite, $\frac{2}{3}$ bleiben vorn. Davon färbst du nun dreiviertel rot. Welcher Bruchteil des Blattes ist nun rot?" Ähnliche Aufgabenstellungen führen zum Einschleifen der Grundlagen des Rechenverfahrens.

Beispiel 3: Suche das Lösungswort!
Kürze die Ergebnisse!!

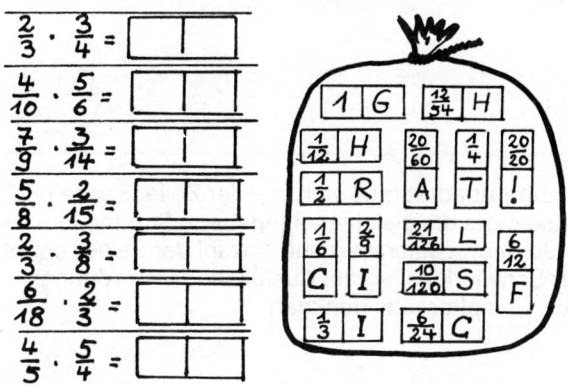

Übungen dieser Art eignen sich besonders für Einzelarbeit oder Gruppenarbeit, weil das Ergebnis zum Schluß der Aufgabe selbst zu überprüfen ist. In diesem Fall ist nur bei vollständiger Kürzung der Rechenergebnisse die richtige Lösung (RICHTIG) zu finden. Ansonsten kann sogar die andere Lösung (FALSCH!) selbst Hinweise geben!

Beispiel 4: Treppe

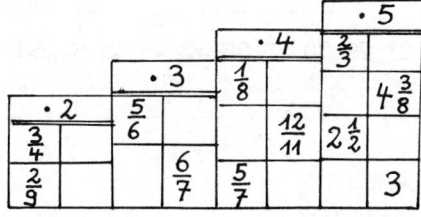

Die Rechentreppe ist dem Maschinenmodell gleichwertig, welches an dieser Stelle ebenfalls zum Einsatz kommen könnte. Durch die in die Aufgabe eingebaute Umkehroperation wird die Bruchdivision vorbereitet!

Beispiel 5: Rechenkette

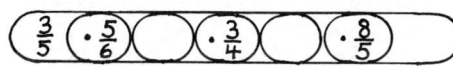

Mit Hilfe der Rechenkette kann die Multiplikation durch die Wahl der Multiplikatoren in jedem Schwierigkeitsgrad eingeschliffen werden.

Als weitere Übungsformen empfehlen sich: 10–12, 14, 15, 20, 25, 29–31, 42, 49, 54, 60, 63, 67, 73, 78, 82, 85, 88, 89, 90, 91, 94–96

Übungsform und -darstellung	**Methodische Hinweise**
Beispiel 1: **Einführungsaufgabe** 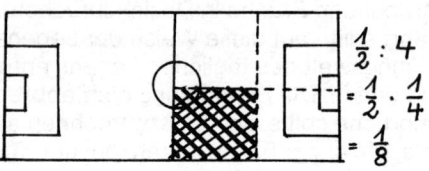	Fritz hat mit seinen 7 Freunden Fußball gespielt und seine Uhr verloren. Jede Mannschaft soll nun in ihrer Hälfte suchen. Die 4 Jungen seiner Mannschaft teilen sich die Arbeit auf. Zeichne und rechne! Variation: – Dasselbe Beispiel mit einem Handballfeld – Ähnliche Beispiele: eine noch zu einem Viertel gefüllte Flasche wird auf 5 Gläser geteilt, eine dreiviertel Meter lange Wurst wird auf 9 Personen verteilt …
Beispiel 2: **Kehrbruchmaschine** 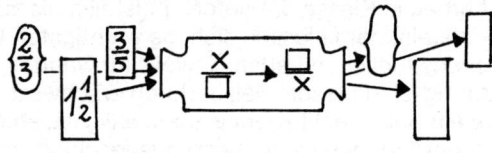	Das Maschinenmodell eignet sich besonders für die Darstellung der Kehrwertbildung vor der Klasse. In Verbindung mit Wendekärtchen ist auch Einzelarbeit möglich.
Beispiel 3: **Tabelle** 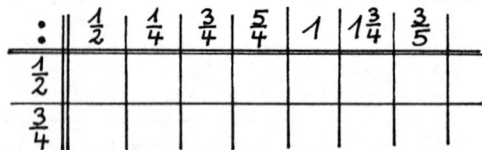	Durch entsprechende Wahl der Zahlen läßt sich hier die Aufgabenschwierigkeit sehr gut differenzieren. Ergebnisse, die gekürzt werden müssen, können dabei anfangs besonders gekennzeichnet werden.
Beispiel 4: **Achterbahn** 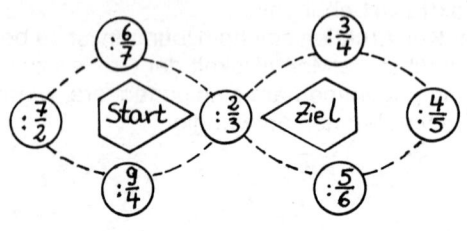	Ein vielfältiges Anwendungsspiel, welches gegebenenfalls auch mit der Bruchmultiplikation kombiniert werden kann. Es kann jeder beliebige Bruch eingegeben werden; als Ergebnis erhält man stets den Bruch selbst.
Beispiel 5: **Schwarzer Peter** 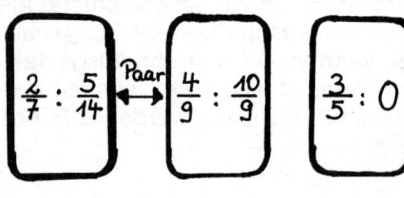	Bei der Herstellung der Karten ist darauf zu achten, daß jeweils Paarkarten (mit gleichem Ergebnis) sowie ein ‚Schwarzer Peter' (unmögliches Ergebnis) in entsprechender Zahl vorgesehen werden.

Als weitere Übungsformen empfehlen sich: 10–12, 14, 15, 19, 20, 25, 29–31, 40, 42, 49, 54, 55, 60, 63, 67, 73, 78, 85, 86, 88–91, 94–96

Übungsform und -darstellung	Methodische Hinweise

Beispiel 1: Gleiche suchen

Die hier graphisch für Hohlmaße dargestellte Aufgabe läßt sich auch auf andere Größenbereiche übertragen. Die Umrechnung Brüche in Dezimalbrüche und umgekehrt sollte auf diese Weise der Lebens- und Anschauungswelt des täglichen Lebens entnommen werden können. Die Behandlung nichtabbrechender Dezimalbrüche sollte sich im Kopfrechnen auf wenige Beispiele, etwa $\frac{1}{3} = 0{,}3$ beschränken, um Überforderungen zu vermeiden.

Beispiel 2: Stellenwerttafel

E	z	h	t	Bruch
0	5	0	0	
0	1	0	0	
0	2	5	0	
0	0	2	0	
0	0	0	4	
			$1\frac{1}{2}$	
			$1\frac{3}{4}$	
			$2\frac{51}{1000}$	

$\boxed{\frac{1}{4}}$ $\boxed{\frac{3}{4}}$
$\boxed{\frac{1}{10}}$ $\boxed{\frac{1}{2}}$
$\boxed{\frac{2}{100}}$ $\boxed{\frac{4}{1000}}$
$\boxed{2{,}510}$
$\boxed{1{,}750}$
$\boxed{2{,}051}$
$\boxed{1{,}500}$

Die Erweiterung der Stellenwerttafel erfolgt völlig analog dem Aufbau in Klasse 3/4 sofort dreistellig bis zu den Tausendsteln; damit lassen sich die wichtigsten Bruchgrößen des täglichen Lebens jeweils umwandeln. Die Zuordnung ist in diesem Fall dadurch erschwert, daß jeweils ein (falsches) Ergebnis überzählig ist, so daß Zufallszuordnungen weitgehend ausgeschlossen werden.
Zur weiteren Übung der Dezimalbrüche eignen sich auch Wendekarten sehr gut.

Beispiel 3: Größenumwandlung

$2\frac{1}{2}$ kg = 2,500 kg = 2500 g
$3\frac{1}{4}$ kg = _____ kg = _____ g
$\frac{3}{4}$ hl = _____ hl = _____ l
$1\frac{1}{2}$ t = _____ t = _____ kg
_____ km = 3,750 km = _____ m
_____ m = _____ m = 50 cm
_____ DM = _____ DM = 150 Pf

Die Umwandlung läßt sich am Beispiel der 10-, 100- und 1000-teiligen Maße vornehmen; dagegen sind Zeitmaße (halbe Stunden = 30 Minuten, Viertelstunde, halber Tag usw.) extra zu behandeln.
Bei der Konstruktion solcher Übungen ist zu beachten, daß zunächst die Maßteiligkeit der Größen zu wiederholen ist; gegebenenfalls sind einfachere, wenig vermischte Vorübungen notwendig!

Beispiel 4: Größenvergleiche

ist größer als	$\frac{1}{2}$	$\frac{1}{4}$	$\frac{1}{5}$	$\frac{1}{10}$	$\frac{3}{10}$	$\frac{39}{100}$
0,245						
0,197						
0,538	Beisp. X					
0,405						

Relationstabellen können bei entsprechender Anlage auch für andere Vorschriften, z. B. „ist genau so viel wie" konstruiert werden. Zur weiteren Ausgestaltung können dabei auch unterschiedliche Maßeinheiten desselben Größenbereichs verwendet werden (z. B. bei Längen: m, dm, cm, mm).

Beispiel 5: Größenfächer

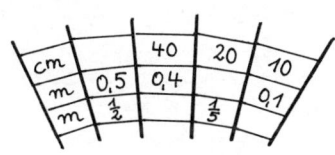

Dieser Größenfächer enthält bereits fertig eingetragene Werte, wobei jeweils ein Wert entsprechend zu ergänzen ist. Dieser Aufgabentyp kann universell auch für die anderen Größenbereiche verwandt werden!

Als weitere Übungsformen empfehlen sich: 4–8, 10–12, 14, 15, 21, 27, 30, 35, 49, 57, 66, 67, 88

Übungsform und -darstellung	Methodische Hinweise
Beispiel 1: **Prozentblatt** 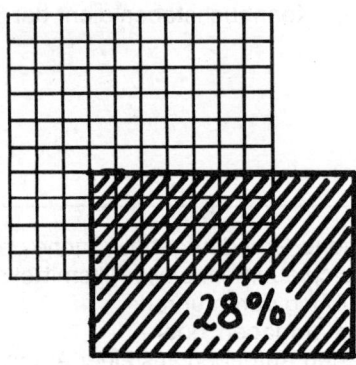	Durch Abdecken von Flächen am Hunderterfeld (Prozentblatt) können Flächenanteile unmittelbar in Prozentsätzen abgelesen werden. Es läßt sich mit Hilfe mehrerer Prozentblätter auch eine Wendekarten-Lernkartei aufbauen, wenn die Lösungen jeweils auf der Rückseite vermerkt werden.
Beispiel 2: **Wendekarten** 	Die Umrechnung von bekannten und gebräuchlichen Bruchzahlen des täglichen Lebens in Prozentsätze und umgekehrt läßt sich auf diese Art gut einprägen.
Beispiel 3: **Flächenteile** 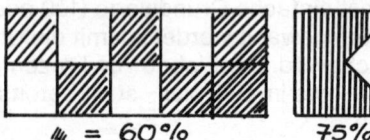	Flächenteile von Figuren aller Art eignen sich besonders für die Erarbeitung des Zusammenhangs Bruchteile–Prozentsätze. Bei Inanspruchnahme von in 100 nicht ohne Rest teilbaren Bruchwerten muß gerundet werden. $\frac{1}{3} \approx 33\%, \frac{5}{6} \approx 84\%, \frac{2}{7} \approx 29\%$
Beispiel 4: **Prozentmännchen** 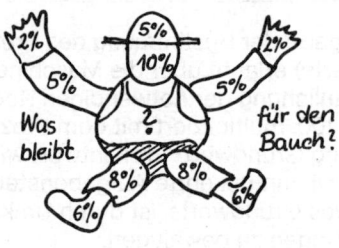	Ähnliche Aufgabenstellungen zum Ergänzen auf den Grundwert lassen sich auch in anderen Zusammenhängen üben: – bei Landesteilen in Geographie, – bei Flüssigkeitsmischungen, – bei Statistiken aller Art.
Beispiel 5: **Gleiche Felder färben**	Die Anordnung der Paare kann so erfolgen, daß ein Lösungsmuster entsteht, welches die Kontrolle erleichtert.

Beispiel 5 Tabelle:

$\frac{1}{10}$	25%	$\frac{3}{10}$	$\frac{4}{5}$	5%	$\frac{1}{4}$	2%
$\frac{3}{4}$	$\frac{1}{20}$	50%	$\frac{2}{5}$	$\frac{1}{3}$	10%	$\frac{1}{2}$
125%	30%	$\frac{1}{50}$	75%	$\frac{1}{8}$	80%	40%

Ein Feld bleibt übrig!

Übungsform und -darstellung	Methodische Hinweise

Beispiel 6: Zuordnungsaufgabe

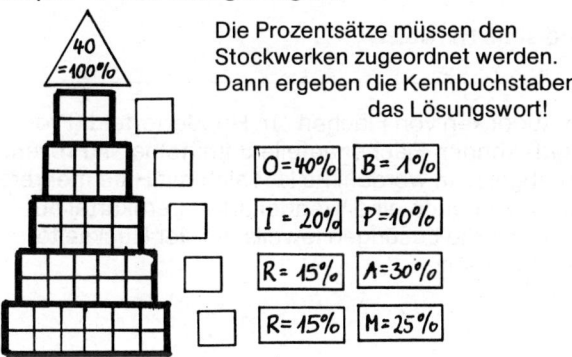

Die Prozentsätze müssen den Stockwerken zugeordnet werden. Dann ergeben die Kennbuchstaben das Lösungswort!

O = 40%	B = 1%
I = 20%	P = 10%
R = 15%	A = 30%
R = 15%	M = 25%

Diese Beispielaufgabe erschließt eine ganze Klasse von Zuordnungsaufgaben, die immer wieder verändert werden können:
– durch Änderung des Grundwerts (hier 40 Kästchen)
– durch Änderung der prozentualen Verteilung
– durch Änderung der Zuordnungswerte, z.B. Mischung von Prozentsätzen und Bruchteilen.
Die Angabe von Kennbuchstaben dient der Selbstkontrolle.

Beispiel 7: Prozentsätze suchen

Wenn du richtig zuordnest, ergeben die Buchstaben von oben nach unten die Lösung!

40 Pf von 1,60 DM
750 g von 1 kg
350 m von 7 km
15 l von 0,75 hl

SG = 25%	AM = 40%
EU = 75%	R! = 20%
HT = 5%	W? = 60%

Diese gebundene Grundaufgabe – Suche des Prozentsatzes – läßt sich auch ohne alle Hilfsmittel als Frontal- oder Schülerübung durchführen:
– Lehrer stellt Aufgaben, oder
– Schüler ziehen Aufgaben aus einer Aufgabenkartei.

Beispiel 8: Wendekarten/Memory

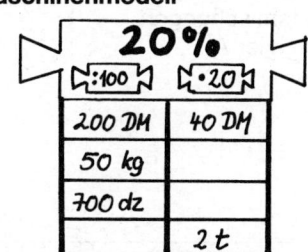

Vorderseite: 35 Pf von 1,40 DM | 60 kg von 3 t
Rückseite: 25% | 2%

Bei Wendekarten muß beachtet werden, daß Aufgabe und Ergebnis auf Vor- bzw. Rückseite derselben Karte aufgebracht werden, beim Memory sind die Daten auf zwei Karten aufzuschreiben.
Memory eignet sich mehr als Gruppenlernspiel, die Wendekarten mehr zu Einzelübungen.

Beispiel 9: Tabellen

	100 DM	150 DM	600 DM
15 DM von			
30 DM von			
60 DM von		40%	
75 DM von			

Die Summe aller Prozentsätze in der Tabelle ergibt – wenn man noch 3 dazurechnet – eine Schnapszahl!

Bei der Verwendung von Tabellen zum Kopfrechnen sollten zunächst einfache Grundwerte (100 oder Teile/Vielfache davon) gewählt werden, damit die Umrechnung vereinfacht wird. Der Einbau von Prozentsätzen mit Dezimalzahlen – wie im Beispiel – stellt bereits höhere Anforderungen.

Beispiel 10: Maschinenmodell

20%
[:100] [·20]

200 DM	40 DM
50 kg	
700 dz	
	2 t

Die Grundaufgabe der Bestimmung des Prozentwerts (und Grundwerts) erlaubt über die Maschinendarstellung die Veranschaulichung der notwendigen Rechenschritte (geteilt durch 100, multipliziert mit dem Prozentsatz). Der Zusammenhang Grundwert–Prozentwert wird hierbei sehr deutlich. Die umgekehrte Aufgabenstellung, die Berechnung des Grundwerts, ist durch Umkehrung der Rechenoperationen zu bewältigen.

Beispiel 11: Dreisatz zur Grundwertsberechnung

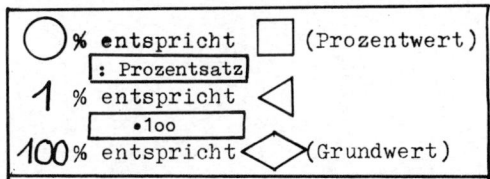

○ % entspricht □ (Prozentwert)
: Prozentsatz
1 % entspricht ◁
·100
100 % entspricht ◇ (Grundwert)

Die Grundwertbestimmung bietet eine Möglichkeit der Einführung eines Dreisatzschemas, welches nachfolgend bei den Zuordnungen weiterverwendet werden kann. Dieses Schema sollte als optische Unterstützung für die Grundwertberechnung auf Plakat gemalt und im Klassenzimmer aufgehängt werden.

Übungsform und -darstellung	Methodische Hinweise
Beispiel 12: „Schlußverkauf" 	Aufgabenstellungen aus dem täglichen Leben schaffen die Verbindung Kopfrechnen – Alltagsanforderungen. Als Gegensatz zu formalen Übungen bieten sie eine methodische Auflockerung des Kopfrechnens. Zeitungsanzeigen, Berichte von Schülern bieten hier oft neuen Übungsstoff.
Beispiel 13: Universalschema 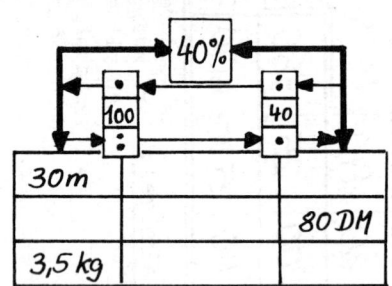	Dieses ‚Universalschema' erlaubt es, wie die beiden Beispiele zeigen, alle Grundaufgaben der Prozentrechnung durchzuführen und für Kopfrechenzwecke zu veranschaulichen. Als Grundfolie für den Tageslichtprojektor erlaubt es — mit Deckfolien – einen unbegrenzten Übungseinsatz. Mit diesem formalisierten Instrument lassen sich die Rechenwege der Grundaufgaben langfristig sichern.
Beispiel 14: Knobelaufgaben 	Solche Knobelaufgaben sollten nicht nur der Auflockerung, sondern auch der Problematisierung des Kopfrechenunterrichts dienen. Mit ihrer Hilfe läßt sich eine Brücke zwischen Rechenfertigkeit und Rechenfähigkeit (vgl. Kapitel 1) anbahnen.

Beispiel 15: Prozentwert würfeln
     (siehe Spielplan „Prozenttabelle" S. 32)

Jeder der Mitspieler erhält zunächst eine Spielfigur, und durch Würfeln oder mit Los wird die Reihenfolge bestimmt. Mit den Würfen der 2 Würfel wird jeweils ein Feld bestimmt, welches mit der Spielfigur besetzt wird; gleichzeitig wird die Punktzahl des Feldes errechnet. Die Punkte jeder Spielrunde werden addiert. Sieger ist, wer eine bestimmte Zielpunktzahl überschreitet oder in einer vereinbarten Zeit oder nach einer vereinbarten Zahl von Würfelrunden die höchste Punktzahl aufweist. Von Mitspielern gerade besetzte Felder dürfen nicht besetzt werden; in diesem Fall gibt es 0 Punkte.

Als weitere Übungsformen empfehlen sich: Spielplan „Prozentrechnen" sowie 10–12, 14, 15, 18, 24, 49, 57, 64, 83–86, 88, 91

Spielplan "Prozent rechnen"

Spielregel: Es wird reihum gewürfelt. Wer eine '6' würfelt, darf zwei Zahlen aus dem äußeren Feld suchen, die sich mit einem Prozentsatz aus dem inneren Feld verknüpfen lassen, z.B. 300 – 15% = 45. Diese 3 Felder darf er mit seiner Farbe durchstreichen.

Gewinner: Wer am Schluß die meisten Felder gestrichen hat.

Äußere Felder (Zahlen): 700, 800, 480, 240, 600, 50, 500, 120, 200, 60, 480, 600, 240, 320, 270, 15, 400, 90, 25, 40, 25, 125, 300, 100, 450, 75, 500, 72, 600, 40, 300, 800, 400, 150, 80, 60, 200, 360, 600, 720, 120, 48, 300, 90, 100, 60, 400, 80, 140, 25, 90, 60, 500, 12, 75, 45, 300, 180, 48, 200, 80, 1200, 40, 500

Innere Felder (Prozentsätze): 5%, 10%, 40%, 20%, 25%, 25%, 20%, 25%, 40%, 50%, 50%, 50%, 50%, 75%, 75%, 60%, 60%, 80%, 90%, 90%, 100%

Spielplan "Prozenttabelle"

Spielmaterial:
2 Würfel, je Spieler Schreibzeug, Papier und eine Spielfigur

Würfelwerte:

⚀ = 10	⚃ = 40
⚁ = 20	⚄ = 50
⚂ = 30	⚅ = 60

Würfelbeispiele:

⚂ ⚄ 30 · 50 = 1500
Feld 40% → 1500 · 40% = (600)

⚀ ⚅ 10 · 60 = 600
Feld 40% → 600 · 40% = (240)

	⚀	⚁	⚂	⚃	⚄	⚅
⚀	100%	90%	70%	60%	50%	40%
⚁	90%	80%	75%	70%	60%	50%
⚂	70%	75%	50%	50%	40%	30%
⚃	60%	70%	50%	25%	20%	15%
⚄	50%	60%	40%	20%	10%	10%
⚅	40%	50%	30%	15%	10%	5%

SPIELREGELN: siehe Stundenblatt 7.1 Beispiel 15

Übungsform und -darstellung	Methodische Hinweise

Beispiel 1: Zinstabelle

Zinssätze

SPAREINLAGE mit gesetzl. Kündigungsfrist	3%
SPAREINLAGE mit 1-jähr. Kündigungsfrist	4%
SPAREINLAGE mit 4-jähr. Kündigungsfrist	5%
SPARKASSENBRIEF	8%
INVESTMENTFOND	ca. 10%

Berechnen der Jahreszinsen für ein Kapital von 100 DM
(1500 DM, 8000 DM).

Diese Einführungsaufgabe enthält bereits alle wichtigen Fachausdrücke der Zinsrechnung, die ja nur den Spezialfall der Prozentrechnung auf den Größenbereich ‚Geld' darstellt. Die Identität der Rechenverfahren erlaubt es, auf sämtliche Übungsformen der Prozentrechnung zurückzugreifen, wenn die Bezeichnungen (Grundwert=Kapital, Prozentsatz=Zinssatz, Prozentwert=Zins) geändert werden.

Beispiel 2: Tabelle ‚Monatszinsen'

Kapital	Zinsatz	Jahres-zins	Monats-zins	Zins in 5 Monaten
600 DM	3%	DM	DM	DM
500 DM	6%	DM	DM	DM
2000 DM	4%	DM	DM	DM
	5%	DM	DM	25 DM

Wegen der Länge der Rechenkette ist der Übergang zum halbschriftlichen Verfahren hier fließend (Notation der Zwischenergebnisse). Überschlagsmäßige Rechnungen oder solche mit ausgewählten Zahlen sind aber in der dargestellten Notationsform durchaus noch möglich und sinnvoll.

Beispiel 3: Spareinlagen ordnen

Kapital	Lauf-zeit	Zinssatz	Zins	Kenn-buchstabe
3000 DM	1	7%		L
1000 DM	2	9%		K
1000 DM	4	10%		S
1500 DM	3	8%		A
2500 DM	2	10%		E
1000 DM	5	9%		S

Diese Aufgabe kann durch Veränderung des Kapitals der Sparformen immer wieder verwendet werden; in diesem Fall muß allerdings auf die Selbstkontrolle durch ein Lösungswort – wie in diesem Beispiel – verzichtet werden. Das Lösungswort erhält man, wenn man die Anlagen nach der Höhe des Jahreszinses, beginnend mit dem niedrigsten, ordnet.

Beispiel 4: Zinsstreifen

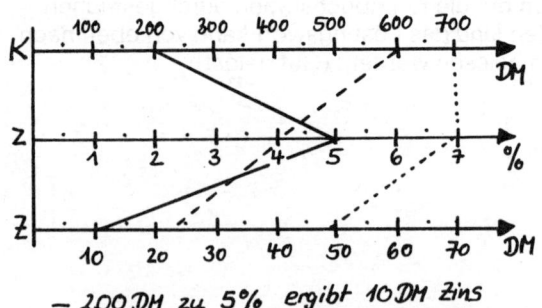

— 200 DM zu 5% ergibt 10 DM Zins
-- 600 DM zu 4% ergibt 24 DM Zins
···· 700 DM zu 7% ergibt 49 DM Zins

Die Werte der Skalen ‚Kapital', ‚Zins' und ‚Zinssatz' werden zugeordnet, indem aus je zwei gegebenen Werten der fehlende dritte berechnet und mit den beiden anderen verbunden wird.
Beispielsweise lassen sich solche Übungen mit Schnüren oder Gummibändern auf einer mit Nägeln versehenen Spanplatte durchführen.

Übungsform und -darstellung	Methodische Hinweise
Beispiel 5: **Nomogramme** 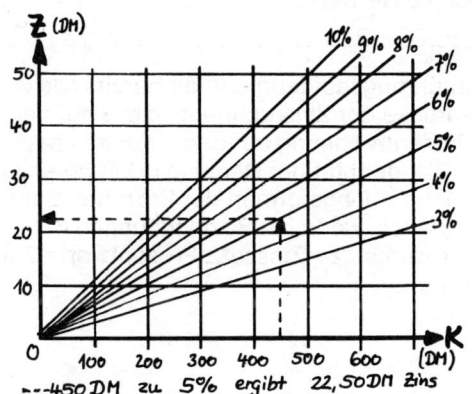	Darstellungen in Nomogrammform können mit Hilfe von Kopfrechenübungen erarbeitet werden. Sie stellen außerdem eine für die Schüler leicht handhabbare Kontrollmöglichkeit dar. Eine Erweiterung nach links verbunden mit einer weiteren Skala für die Zinsen (auf der Verlängerung der Kapitalgeraden nach links) könnte sogar noch andere Laufzeiten als ein Jahr berücksichtigen.

Beispiel 6: **Zinstabellen**

Zinssatz Kapital	3%	4%	5%	6%
100 DM	DM	DM	DM	DM
200 DM	DM	DM	DM	DM
300 DM	DM	DM	DM	DM
400 DM	DM	DM	DM	DM

Nach dem Ausfüllen einer Zinstabelle – siehe nebenstehendes Beispiel – bietet sich auch noch an:
– ein Vergleich mit ‚gewerblichen' Zinstabellen der Sparkassen sowie Ableseübungen daran,
– ein Vergleich mit Zinseszinstabellen.

Beispiel 7: **Zinsscheibe**

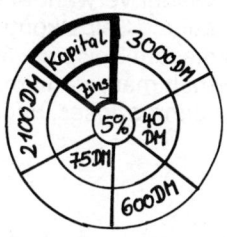

Bei Verwendung der Zinsscheibe ist beim Eintrag der Zahlenwerte darauf zu achten, daß sie die Rechenoperationen nicht unnötig erschweren. Eine Vereinfachung stellt auch dar, wenn zunächst auf jeder Scheibe nur eine Größe (ein Ring) zu berechnen ist.

Beispiel 8: **Aufgaben korrigieren**

Kredit - Sonderkondition

Ein Kredit von	bei einer Laufzeit von	mit unserem Zinssatz von	kostet insges. nur Zins:	falsche durch-streichen
5000 DM	1 Jahr	8 %	400 DM	G L
1000 DM	10 Jahren	9 %	9000 DM	A U
3000 DM	4 Jahren	2,5 %	300 DM	U O
7000 DM	2 Jahren	5,5 %	110 DM	O H
4000 DM	2 Jahren	7,5 %	600 DM	T E
2.500 DM	4 Jahren	6 %	600 DM	G S
1500 DM	5 Jahren	8 %	600 DM	E T

Das vorgestellte Beispiel kann sicher erst am Ende einer Reihe von einfacheren Vorübungen (z. B. ohne den Faktor ‚Laufzeit') stehen. Wegen des Wegfalls von Schreibarbeit und der Selbstkontrollmöglichkeit sind solche Aufgaben meist sehr motivierend.
In diesem Fall müssen bei den falsch berechneten Zinsen nur die Kennbuchstaben durchgestrichen werden, und das Lösungswort kann von oben nach unten gelesen werden! (Gut gelöst!)

Übungsform und -darstellung	Methodische Hinweise

Beispiel 9: **Bankenspiel**

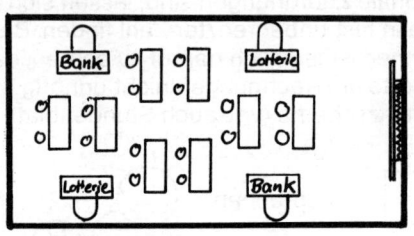

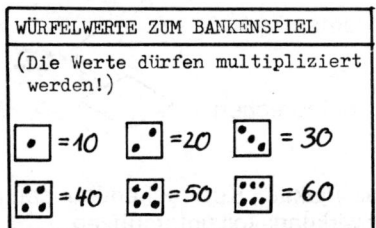

Das Bankenspiel ist sowohl als stundenfüllendes Planspiel wie auch als unterrichtsbegleitendes Kopfrechenspiel einzusetzen. Die Klasse wird dazu in Gruppen und Funktionen eingeteilt (je nach Klassenstärke), die im Verlauf des Spiels immer wieder gewechselt werden sollten:
2–3 BANKEN besetzt mit je 2 Schülern
2–3 LOTTERIEN besetzt mit je 2 Schülern.
Die restlichen Schüler der Klasse sind Spielteilnehmer, die sowohl einzeln als auch in Gruppen gegeneinander antreten können.
Die Schüler dürfen bei den Lotterien antreten und dort mit zwei Würfeln einen möglichst hohen Gewinn würfeln (Zahlenwerte für die Würfelaugen siehe links), der auf der Gewinnkarte eingetragen wird. Mit dieser Gewinnkarte dürfen sie sich bei einer der Banken anstellen und das Geld durch Ankreuzen nach eigener Wahl anlegen. Pro Anstellen – gleichgültig ob bei der Lotterie oder bei der Bank – darf nur ein Schein bearbeitet werden:
– bei der Lotterie ein Gewinneintrag,
– bei der Bank ein Zinseintrag auf der Rückseite des Gewinnscheins.
Gewonnen hat der Schüler oder die Schülergruppe, welche am Ende den höchsten Zinsbetrag erreicht hat.
Der Reiz des Planspiels kann noch erhöht werden, wenn die Zinssätze der Banken während des Spiels immer wieder verändert werden, so daß sich neue strategische Gesichtspunkte ergeben.

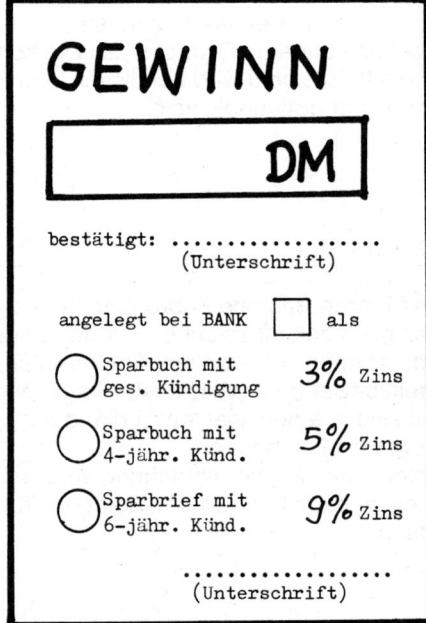

Gewinnschein für Standardform

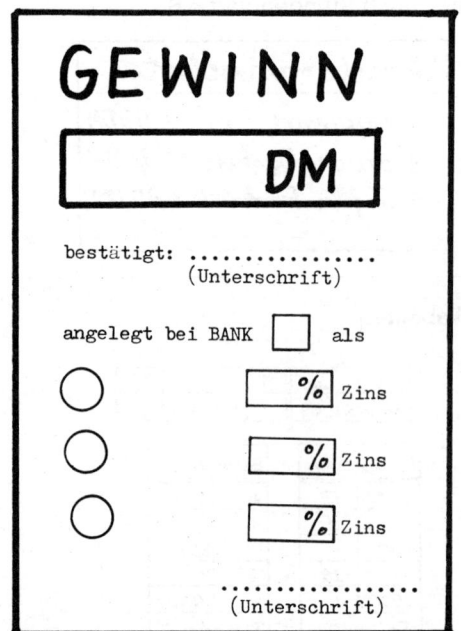

Gewinnschein zum Selbsteintragen

Als weitere Übungsformen empfehlen sich: 10–12, 14, 15, 24, 49, 84, 85, 88, 91

Übungsform und -darstellung

Methodische Hinweise

Beispiel 1: **Textaufgaben**

Eine Kiste Wein mit 6 Flaschen kostet 42 DM. Herr Maier braucht 10 Flaschen für seine Geburtstagsfeier. Preis?

Ein 10 kg-Sack Kartoffeln kostet 15 DM, ein 3kg-Netz 4,50 DM. Welches Angebot ist günstiger?

Fräulein Maier studiert die Sonderangebote in der Zeitung! 2 kg Zwiebeln kosten 1,20 DM, ein 25 kg-Sack aber nur 7,50 DM. Wieviel wird sie ihren Mann besorgen lassen? AUFGEPASST! DIES IST EINE ZWIEBELAUFGABE!!!!!!!

Da die meisten Zuordnungen des täglichen Lebens proportionale Zuordnungen sind, lassen sich Aufgabenbeispiele in fast unbegrenzter Zahl finden. Beim Kopfrechnen ist lediglich darauf zu achten, daß die Zahlenwerte die Rechnungen nicht unnötig erschweren. Das Dreisatzschema (vgl. auch Stundenblatt 7.1)

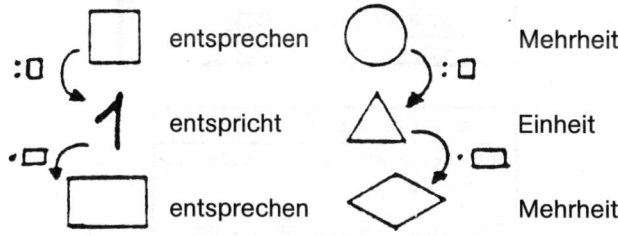

kann – z.B. als Plakat – Kopfrechenübungen in diesem Bereich sehr wirkungsvoll unterstützen.

Beispiel 2: **Waage**

Als Folienvorlage für Deckfolien am Tageslichtprojektor eignet sich die Waage für alle Grundaufgaben der proportionalen Zuordnungen:
– Berechnung des Gewichts
– Berechnung des Preises
– Berechnung des Einheitspreises.
Dabei können die Schüler selbst Aufgaben stellen und lösen, wenn sie (z.B. in einer vorbereitenden Hausaufgabe) Preise sammeln.

Beispiel 3: **Einkaufspiel**
vgl. auch Stundenblatt 5.8

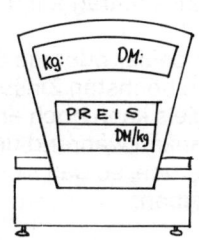

Sonderangebote

1 Dutzend Eier 2,52 DM
3 Stück Gurken 1,95 DM
5 Tafeln Schokolade 4,75 DM

Die Klasse wird in Gruppen eingeteilt, welche entsprechende Preislisten erstellen. Je ein Schüler jeder Gruppe spielt abwechselnd den Verkäufer, die anderen Schüler kaufen bei den anderen Gruppen ein. Die konkrete Handlung mit Spielgeld wird bei dieser Altersstufe nicht mehr unbedingt notwendig sein.

Beispiel 4: **Tabellen**

Fahrzeit	Std	1		5	$2\frac{1}{2}$
Fahrtstrecke	km		105	350	

Flaschen	Kisten
240	12
	1
60	
	25
1500	
Bier	

Rollen	Preis
8	44 DM
1	
	55 DM
6	
	16,50 DM
Tapeten	

Tabellen für proportionale Zuordnungen sind durch Zweispaltigkeit gekennzeichnet. Für den Beginn der Arbeit mit solchen Tabellen empfiehlt es sich, anfangs die Einheitsbeziehung („Was kostet 1 kg?, Wieviel Flaschen sind in einem Kasten?") direkt anzugeben oder in die Aufgabe einzubauen.
Weiter bietet sich zur Vereinfachung an, zunächst nur von der einen nach der anderen Seite der Tabelle zuzuordnen.

Als weitere Übungsform empfehlen sich: Übungsformen zu den Größenbereichen aus den Stundenblättern 5.4 bis 5.9 sowie 10–12, 14, 15, 49, 58, 91

Übungsform und -darstellung	Methodische Hinweise

Beispiel 1: **Textaufgaben**

Die Lebensmittelvorräte einer Expedition reichen bei 10 Teilnehmern 30 Tage. Wie lange würden sie für 6 Forscher reichen?

3 Setzer brauchen zum Setzen eines Buchs 20 Tage. Wie lange würden 2 (5, 4, 6, 10) Setzer brauchen?

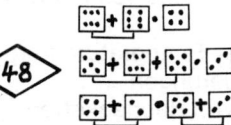 4 Maurer erstellen den Rohbau eines Hauses in 12 Wochen. Wieviel Arbeiter könnten denselben Bau wohl in nur 2 Wochen abwickeln? Achtung!

Antiproportionale Zuordnungen der Form „je mehr, desto weniger" treten im Alltag besonders häufig in Verbindung mit Zeiten und Flächen auf. Bei der Auswahl solcher Aufgabenstellungen für den Kopfrechenunterricht sollte die Produktgleichheit beachtet werden; mit teilerreichen Zahlen, z.B. 60 (T_{60} = $\{$ 1, 2, 3, 4, 5, 6, 10, 12, 15, 20, 30, 60 $\}$) lassen sich besonders viele Übungsmöglichkeiten schaffen ($2 \cdot 30 = 60$, $4 \cdot 15 = 60$ usw.).

Beispiel 2: **Produktpaare würfeln**

Eine vorgegebene Zielzahl muß mit 2, 3 oder 4 Würfeln erwürfelt werden, wobei in der Rechnung beliebig addiert und subtrahiert werden darf, aber wenigstens eine Multiplikation enthalten sein muß. Wer die Zielzahl als erster erreicht, nennt eine neue Zielzahl (Primzahlen und Zahlen über 60 sollten ausgeschlossen werden).

Beispiel 3: **Zuordnungsscheibe**

720 Gehwegplatten sollen ausgelegt werden. Wie lang und breit geht das?

Bei genügender Vorübung zu produktgleichen Größenpaaren können – wie im Beispiel der Zuordnungsscheibe – auch höhere Zahlenwerte in Sachzusammenhängen verwendet werden. Hier geht es beispielsweise um die Möglichkeiten der Anordnung von 720 Gehwegplatten in Rechteckform.

Beispiel 4: **Tabellen**

Ausflugsfahrt
720 DM insgesamt

Schüler	Preis
	20 DM
18	
	30 DM
24	
	40 DM

Bonbons 100 g

Bonbons	Gewicht
25	4 g
10	g
	12,5 g
5	g
	2,5 g

Zur Abgrenzung dieser Tabellen von denen der proportionalen Zuordnung empfiehlt sich eine Kennzeichnung, die hier mit dem eingetragenen Punkt angedeutet ist. Damit sollen die Schüler erinnert werden, daß es sich hier um produktgleiche Größenpaare handelt.

Beispiel 5: **Aufgabenskizzen**

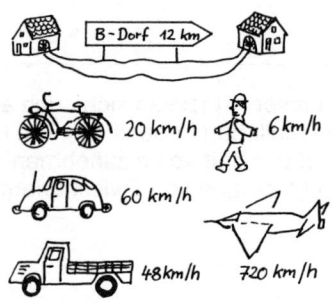

An solchen Aufgabenskizzen können vielfältige Übungen – nicht nur zur antiproportionalen Zuordnung – geknüpft werden:
– Wie lange brauchen die Fahrzeuge für die Strecke? (antiproportional)
– Welche Strecke legen sie in 4 (6; 3,5; $2\frac{1}{4}$) h zurück? (proportional)

Mit der vermischten Übung beider Zuordnungsformen schließt sich gleichzeitig der Kreis Rechenfertigkeit–Rechenfähigkeit (siehe Kapitel 1).

Als weitere Übungsformen empfehlen sich: 10–12, 14, 15, 49, 91

Übungsform und -darstellung	Methodische Hinweise
Beispiel 1: Scherzaufgabe  Fritz kommt ganz begeistert in die Schule: Er hat in einer Baugrube eine antike Vase gefunden. Sein Geschichtslehrer ist begeistert, aber sein Mathelehrer lacht nur …	Die einführende Scherzaufgabe weist schon auf einen wichtigen Anwendungsbereich der ganzen Zahlen hin: die Zeitleiste. Damit sind bereits erste Betrachtungen möglich, z.B. – Angaben über Personen – (Caesar 100–44 v.Chr., Augustus 63 v.Chr.–14 n.Chr.) – Angaben über Geschichtsepochen (Römische Kaiserzeit 27 v.Chr. bis 395 n.Chr.) usw.
Beispiel 2: Thermometer 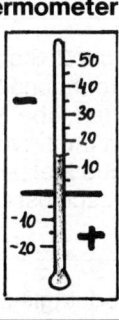 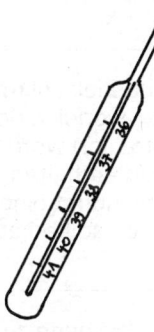	Das Thermometer (z.B. als Grundfolie am Tageslichtprojektor) bietet vielfältige Anwendungsmöglichkeiten: – Ablese- und Zeigeübungen „Zeige −14°", „Welche Temperatur zeigt das Thermometer?" – Berechnung der Temperaturdifferenzen oder Temperaturänderungen – Durchführung von Rechenketten „5°C − 8° + 13° − 9° + 2° = ?"
Beispiel 3: Zahlenstrahlmodelle 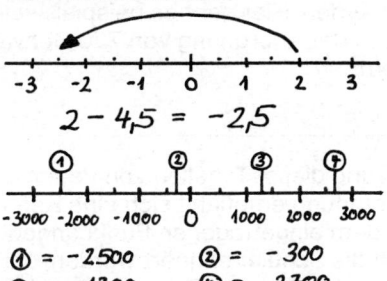	Im Hinblick auf das gesteigerte Rechenvermögen sollten in diesem Schuljahr Zahlenstrahlen mit verschiedenen Maßstäben (siehe Beispiel) zur Anwendung kommen. Hieran lassen sich wie beim Beispiel 2 ähnliche Übungen darstellen und ableiten.
Beispiel 4: Zahlenfolgen $40, 25, 10, \ldots\ldots\ldots\ldots\ -110$ $150, 100, 50, \ldots\ldots\ldots\ -500$ $9, 7, 5, 3, \ldots\ldots\ldots\ldots\ -31$ $20, 19, 17, 14, 10, \ldots\ldots\ -58$ $90, 80, 60, 50, 30, \ldots\ldots\ -90$ $-65, -50, -35, \ldots\ldots\ldots\ 85$	Solche arithmetischen Folgen lassen sich sowohl einführend als auch übend für Kopfrechnungen in den negativen Zahlenraum hinein verwenden. Die Schüler rechnen ohne besondere Anweisungen meist intuitiv richtig weiter. Alternierende bzw. aufsteigende Folgen schaffen Abwechslung.
Beispiel 5: Rechenketten Setze beliebige ganze Zahlen ein! Anfangs- und Endwert sind gleich! 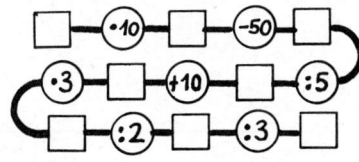	Rechenketten dieser Art lassen sich auch aus Situationen des täglichen Lebens ableiten (z.B. Kontoführung). Im Lauf der Zeit sollte zunehmend angestrebt werden, auf eine Notation von Zwischenergebnissen zu verzichten.

Übungsform und -darstellung	Methodische Hinweise

Beispiel 6: Rechenkreis/-haus

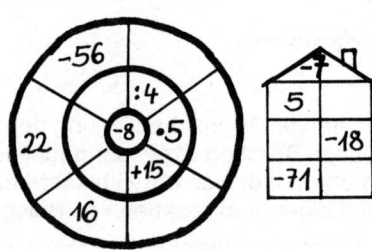

Zielzahlenbezogene (im Beispiel 7 und 8) Übungen bieten eine Fülle anregender und über Wahl der Zahlenwerte gut differenzierbarer Aufgabeformen. Hier können z.B. auch noch einmal die großen Zahlen aus der Klasse 5 wiederholt werden (vgl. Stundenblatt 5.1).

Beispiel 7: Tabellen

+	− 8	− 23	+111	−402
−5				
+4				
−17				
+128				

Je nach Wahl der Vorzeichen und Zahlenwerte in den Zeilen und Spalten lassen sich Tabellenaufgaben aller Schwierigkeitsgrade zusammenstellen. Die Grundregel innerhalb der Tabelle (von oben nach unten, von links nach rechts) sollte stets „vom einfachen zum schwierigen" lauten.

Beispiel 8: Zahlenmonster

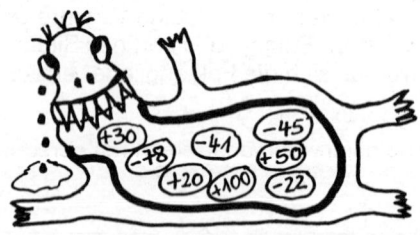

Solche graphisch ansprechende Aufgaben schaffen stets neue Motivation, auch wenn der Übungszusammenhang dabei nicht verlassen wird. Eine passende Aufgabenstellung könnte beispielsweise lauten:
„Das Zahlenmonster ist magenkrank. Es muß **Null**-Diät halten. Welche Zahl muß es dazu noch fressen?"

Beispiel 9: Gleichwertige Felder färben

−77 +21	+12 − 30	120 −140	−48 +23
−45 +27	32 − 88	3·2 − 31	−9 −11
68 − 88	5·5 − 50	−40 − 16	−9 − 9
80 −105	−31 +11	+14 − 32	−100 +44

In diesem Aufgabenbeispiel ist an zwei Stellen bewußt als zusätzliche Schwierigkeit die „Punkt-vor-Strich"-Regel eingebaut. Bei Aufgaben mit Lösungshinweisen und Kontrollmöglichkeit können solche ‚Knacknüsse' sturem Rechnen vorbeugen.

Beispiel 10: Lösungswort suchen

Die Kennbuchstaben der richtigen Zahlen ergeben ein Lösungswort!

− 421 + 389 ▷	− 121 P	− 725 I
721 − 842 ▷	− 393 A	923 H
− 311 − 414 ▷	− 923 E	− 32 S
− 318 + 711 ▷	121 CH	− 1o3 W
+ 411 − 518 ▷	393 T	− 1o7 Z
− 812 − 111 ▷	1o7 C	Viel Glück

Aufgaben mit Selbstkontrollcharakter eignen sich besonders für ‚stille' Kopfrechenphasen.
Ähnliche Beispiele können schnellere Schüler im Anschluß an eine solche Übung (als Differenzierung und zusätzliche Übung) auch selbst zusammenstellen, wenn ihnen eine Tabelle vorgegeben wird.

Als weitere Übungsformen empfehlen sich: Die Kopiervorlage ‚Universal-Rechenplan' sowie 5, 10–12, 14, 15, 21, 29, 31–33, 41–43, 48, 49, 51, 54–56, 60, 67, 88, 91, 92

Übungsform und -darstellung	Methodische Hinweise
Beispiel 1: Zahlenstrahl 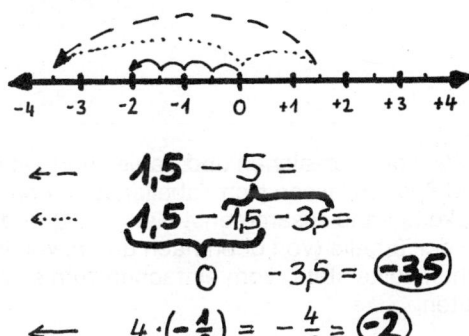	Die relativ schwierige Veranschaulichung der Multiplikation von negativen Brüchen (bzw. der negativen Multiplikation von Brüchen) läßt sich am Zahlenstrahl verständlich darstellen. Zeigen und rechnen von Beispielaufgaben sind einander zugeordnete Übungsformen, die sowohl vom Lehrer als auch vom Schüler selbst ausgehen können.
Beispiel 2: Zahlenfolgen 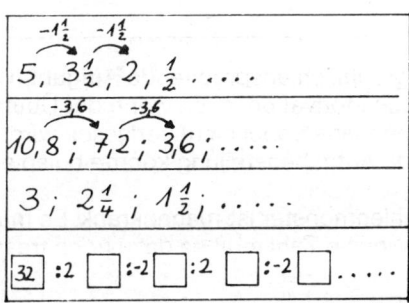	Die Verwendung von Bruch- und Dezimalbruch-(Komma-)Zahlen schafft neue Variationsmöglichkeiten für Zahlenfolgen aller Art. Eine Erleichterung stellt anfangs oft die Vorgabe des Bildungsgesetzes an den ersten Folgegliedern dar, wie sie an den ersten Beispielen neben vermerkt ist. Eine Variante ist die Angabe des ersten Folgeglieds und des Bildungsgesetzes, woraus sich die Folgenglieder errechnen lassen.
Beispiel 3: Zahlenbild Verbinde die Punkte beginnend beim kleinsten Zahlenwert jeweils mit dem nächstgrößeren. Zum Schluß verbinde die Zahlen mit gleichem Betrag! 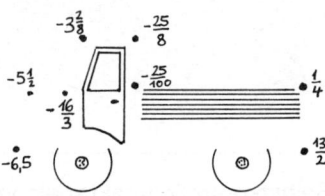	Die Zahlenwerte sind – beginnend mit dem kleinsten Wert – jeweils mit dem nächstgrößeren zu verbinden. Zum Schluß müssen die beiden Zahlen mit gleichem Betrag verbunden werden. Als Vorlage für solche Zahlenbilder eignen sich entsprechende Skizzen aus Malbüchern, wobei die Zahlenwerte entsprechend verändert werden müssen.
Beispiel 4: Rechentreppe 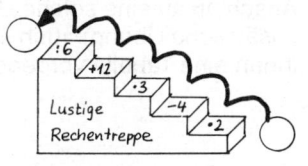	Es sind Aufgabeformen möglich, bei denen Anfangs- und Endzahl jeweils übereinstimmen (siehe Beispiel), aber auch solche mit verschiedenen Anfangs- und Endzahlen. In das Aufgabenbeispiel können **beliebige** (auch negative oder Bruchzahlen) eingesetzt werden!
Beispiel 5: Rechendomino 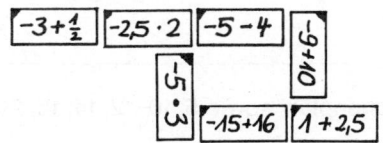	Durch Erstellung von Kartensätzen mit verschiedenen Schwierigkeitsgraden lassen sich auch differenzierende Übungen für einzelne Schüler oder Schülergruppen zusammenstellen.

Übungsform und -darstellung	Methodische Hinweise
Beispiel 6: Rechenstern 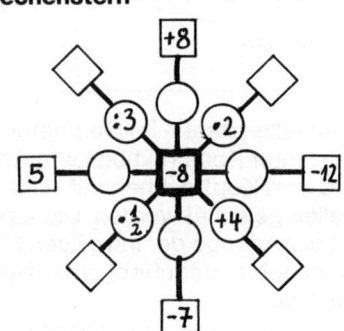	Das nebenstehende Aufgabenbeispiel bietet in Teilbereichen sogar mehrere gleichwertige Lösungsmöglichkeiten (z.B. $-8 \cdot (-1) = +8$ oder $-8 + 16 = +8$ oder $-8 : (-1) = +8$) Die Abgeschlossenheit der rationalen Zahlen bezüglich aller Grundrechenarten sichert stets eine Lösungsmöglichkeit.
Beispiel 7: Zahlenqualle 	Dieser graphisch ansprechende Aufgabentyp läßt sich vielfältig auf der Grundfigur variieren durch – Veränderungen der Termgrößen in den Armen der Qualle, – Veränderungen der Zahlenwerte, Vorzeichen und Rechenzeichen (nur Bruchzahlen oder nur ganze Zahlen oder nur Dezimalzahlen oder gemischt; +, –, :, · usw.)
Beispiel 8: Rechentabelle	Zahlenwerte und Vorzeichen bestimmen hier den Schwierigkeitsgrad der notwendigen Rechenoperationen. Eine Steigerung des Schwierigkeitsgrades sollte innerhalb der Tabelle, aber auch in der Abfolge von verschiedenen Tabellen angestrebt werden.

+	$1\frac{1}{4}$	$-2\frac{3}{4}$	$\frac{1}{2}$	$-1,5$
$2,5$				
$-1\frac{1}{2}$				

Beispiel 9: Aufgaben korrigieren

Kreuze in der letzten Spalte die richtigen Aufgaben an. Dann erhältst du vorne mit den Kennbuchstaben das Lösungswort!

S	$-4\frac{1}{2} + 3\frac{1}{4} = -1\frac{1}{4}$	
P	$-23 \cdot 2 = 46$	
T	$-32 : \frac{16}{3} = -6$	
I	$45\frac{1}{2} - 50,5 = -5$	
L	$18 - 5,25 = 23,25$	
M	$24 : (-6) = -4$	
M	$70,3 - 81,4 = -11,1$	
O	$-20 - 60 = 80$	
T	$3,45 - 3,95 = -\frac{4}{2}$	

Diese Übungsform bietet den Vorteil, daß hier spezifische Fehlerarten (z.B. falsche Vorzeichenbildung bei der Subtraktion negativer Zahlen) gezielt und mit der Möglichkeit zur Selbstverbesserung und Selbstkontrolle „verlernt" werden können. Die Selbstkontrolle schafft außerdem für die Schüler den Anreiz, die Aufgabe bis zum richtigen Ergebnis durchzuarbeiten – auch wenn sie sich der Lösungsverfahren sicher sind.

Beispiel 10: Rechenmemory

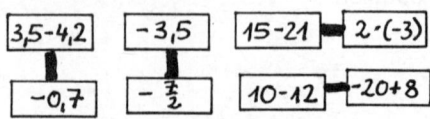

Zu beachten ist bei der Erstellung des Memorys lediglich, daß jeweils zwei Kärtchen dieselbe Lösung besitzen. Solches Material kann gut auch von den Schülern selbst erstellt werden.
Mit Hinzunahme einer weiteren „Joker"-Karte läßt sich auch Schwarzer Peter mit demselben Material spielen.

Als weitere Übungsformen empfehlen sich: Die beiliegende Kopiervorlage ‚Universal-Rechenplan' auf S. 44 sowie 5, 9–12, 14, 15, 21, 29, 31, 32, 33, 36, 42, 43, 49, 51, 54, 56, 60, 67, 73, 88, 91, 92

Übungsform und -darstellung	**Methodische Hinweise**

Beispiel 1: **Rechteck**

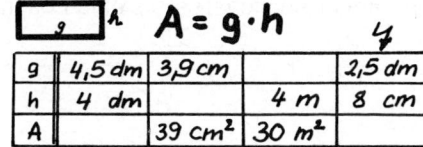 $A = g \cdot h$

g	4,5 dm	3,9 cm		2,5 dm
h	4 dm		4 m	8 cm
A		39 cm²	30 m²	

Beispiel 2: **Quadrat**

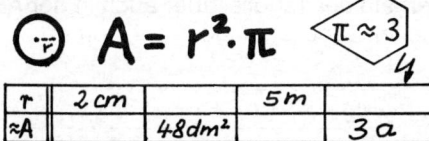 $A = a \cdot a = a^2$

a	2 cm		4,5 dm²	
A		16 m²		3,6 km²

Beispiel 3: **Parallelogramm**

$A = g \cdot h$

g	4 m	12 cm		1,5 mm
h	3 m		8 dm	20 cm
A		60 cm²	40 dm²	

Rechnerische Ansätze stehen im Geometrieunterricht erst zweitrangig hinter Konstruktionsaufgaben. Trotzdem können Ansätze zum Kopfrechnen mit Hilfe der dargestellten Tabellen geleistet werden. Die tabellarische Darstellung mit der Angabe der jeweiligen Flächenformel sichert außerdem neben dem Rechenverfahren die Einprägung der Formel.
Gleichzeitig bietet es sich an, über die Beispiele die Flächenmaße aus dem 5. Schuljahr, gezielt zu wiederholen (vgl. auch Stundenblatt 5.5).

Beispiel 4: **Kreis**

$A = r^2 \cdot \pi$ $\pi \approx 3$

r	2 cm		5 m	
≈A		48 dm²		3 a

Bei der Berechnung von Kreisflächen kann im Kopfrechnen nur mit gerundeten Werten für die Kreiszahl, z. B. $\pi \approx 3$ oder 3,1 operiert werden.
Die Darstellung weiterer Figuren kann nach dem obigen Muster erfolgen.

Beispiel 5: **Flächeninhalte ordnen**

Figur / Kennbuchstabe	M	P	I	R	A	!
r=g=h (m)						
h (m)						
c (m)						
A (m²)						

Ordne die Flächeninhalte der Figuren der Größe nach. Beginne mit dem kleinsten Wert. Die Buchstaben ergeben ein Lösungswort!

Solche Inhaltsvergleiche lassen sich allenfalls mit einfachen Zahlen durchführen; die Verbindung Rechenfertigkeit – Rechenfähigkeit ist hier bereits fließend (vgl. Kapitel 1).

Beispiel 6: **Figuren zerlegen**

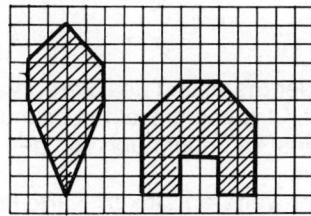

Zerlege die Figuren in bequeme Teilflächen, berechne diese und addiere zur Gesamtfläche! Zeichne weitere Figuren für deinen Banknachbarn!

Die Aufgabenstellung besteht hier darin, die gegebenen Figuren in einfachere Teilfiguren zu zerlegen, deren Flächeninhalte einzeln im Kopf zu berechnen und die Teilinhalte anschließend zur Gesamtfläche zu addieren. Auch hier wird die Grenze zum halbschriftlichen Rechenverfahren deutlich.

Als weitere Übungsformen empfehlen sich: Stundenblatt 5.5 sowie 10–12, 14, 15, 49, 91

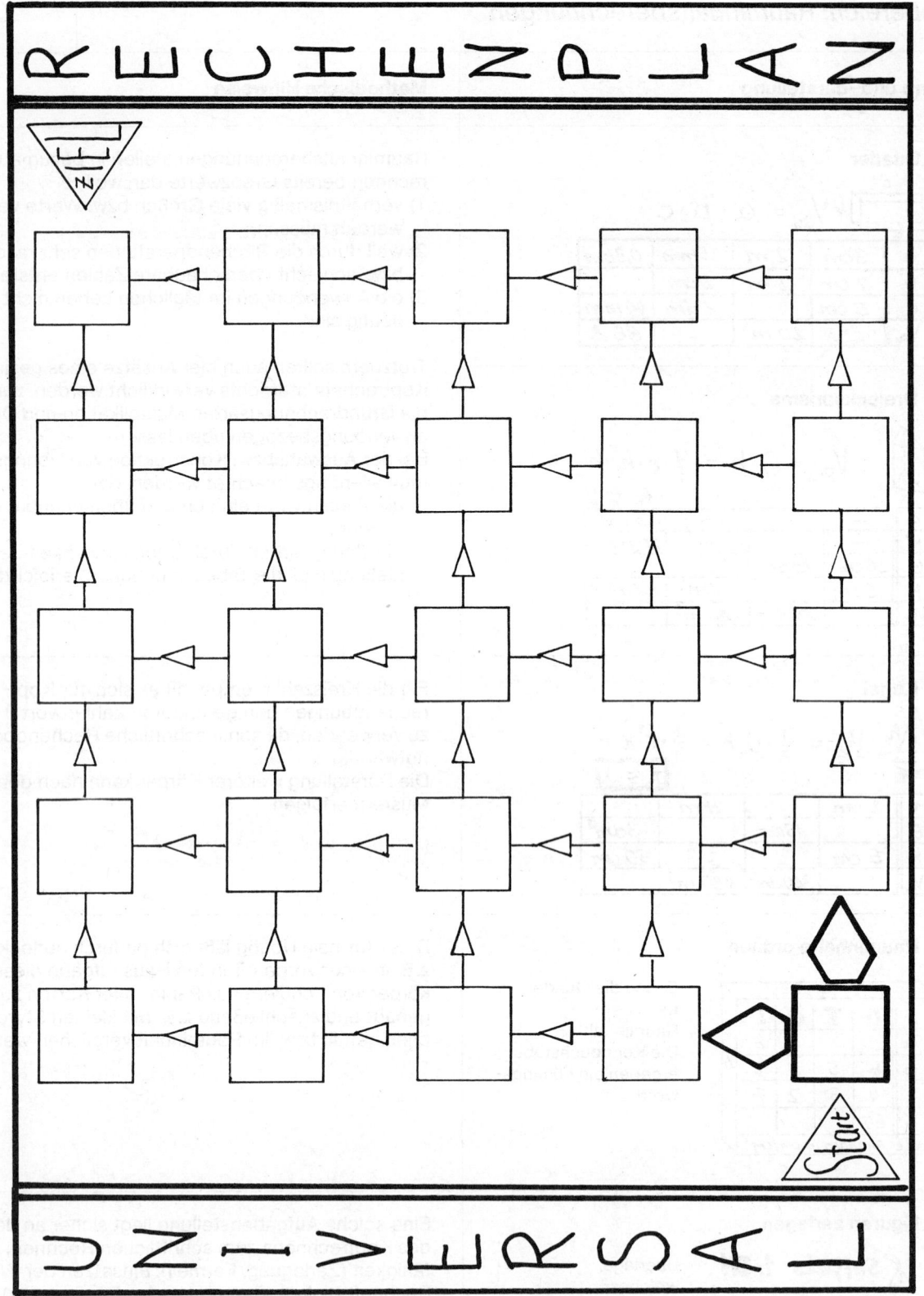

RECHENPLAN

ZIEL

Start

UNIVERSAL

Übungsform und -darstellung	**Methodische Hinweise**

Beispiel 1: **Quader**

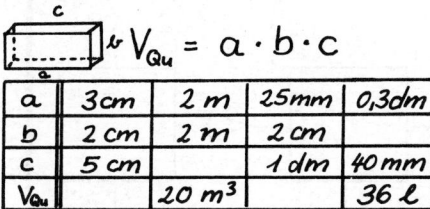

$$V_{Qu} = a \cdot b \cdot c$$

a	3 cm	2 m	25 mm	0,3 dm
b	2 cm	2 m	2 cm	
c	5 cm		1 dm	40 mm
V_{Qu}		20 m³		36 ℓ

Rauminhaltsberechnungen stellen in bezug auf das Kopfrechnen bereits Grenzwerte dar, weil
1) verhältnismäßig viele Größen bzw. Werte verknüpft werden müssen,
2) weil durch die Rechenoperationen sehr rasch große bzw. schlecht überschaubare Zahlen entstehen,
3) die Anwendungen im täglichen Leben nicht allzu häufig sind.

Trotzdem sollten auch hier Ansätze eines gezielten Kopfrechenunterrichts verwirklicht werden, zumal sich die Grundrechnungsarten Multiplikation und Division hier anwendungsbezogen üben lassen.
Bei der Auswahl bzw. Konstruktion von Übungsaufgaben muß allerdings beachtet werden, daß
– die Zahlenwerte einfach und überschaubar gehalten werden,
– die Übungsarbeit durch Übersichtlichkeit der Darstellung (vgl. die Tabellen nebenan) erleichtert wird.

Beispiel 2: **Dreiecksprisma**

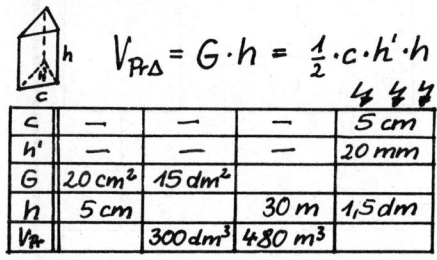

$$V_{Pr\Delta} = G \cdot h = \frac{1}{2} \cdot c \cdot h' \cdot h$$

c	—	—	—	5 cm
h'	—	—	—	20 mm
G	20 cm²	15 dm²		
h	5 cm		30 m	1,5 dm
V_{Pr}		300 dm³	480 m³	

Beispiel 3: **Kegel**

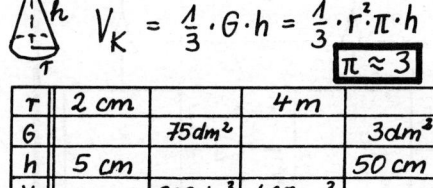

$$V_K = \frac{1}{3} \cdot G \cdot h = \frac{1}{3} \cdot r^2 \cdot \pi \cdot h$$

$$\boxed{\pi \approx 3}$$

r	2 cm		4 m	
G		75 dm²		3 dm³
h	5 cm			50 cm
V_k		300 dm³	480 m³	

Für die Kreiszahl π empfiehlt es sich, für Kopfrechenübungen den gerundeten Zahlenwert 3 oder 3,1 zu verwenden, da sonst schriftliche Rechenoperationen notwendig werden.
Die Darstellung weiterer Körper kann nach den obigen Mustern erfolgen.

Beispiel 4: **Rauminhalte ordnen**

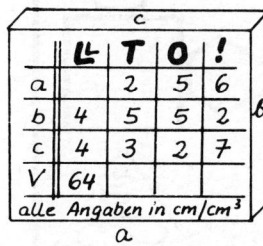

	L	T	O	!
a		2	5	6
b	4	5	5	2
c	4	3	2	7
V	64			
alle Angaben in cm/cm³				

Ordne die Quader nach dem Rauminhalt!
Die Kennbuchstaben ergeben ein Lösungswort!

Diese formale Übung läßt sich dadurch auflockern, daß z. B. in einer vorbereitenden Hausaufgabe diese Hohlkörper von Schülern aus Papier oder Karton zusammengebaut und anschließend z. B. mit kleinen Styroporkügelchen gefüllt bzw. im Rauminhalt verglichen werden.

Beispiel 5: **Figuren zerlegen**

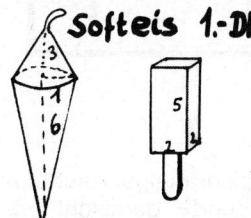

Softeis 1.-DM

Milcheis 1.-DM

Überlege, welches Eis preiswerter ist!

Eine solche Aufgabenstellung liegt sicher an der Grenze des Kopfrechnens zum schriftlichen Rechnen; Rechenfähigkeit (Zerlegung, Formeln, Einsetzen der Werte) und Rechenfertigkeit (Berechnen des Ergebnisses) müssen sich zur Lösung kombinieren.

Als weitere Übungsformen empfehlen sich: Umwandlungsübungen zu Raummaßen aus Stundenblatt 5.6 sowie 10–12, 14, 15, 49, 91

Übungsform und -darstellung

Methodische Hinweise

Beispiel 1: **Falsche herausstreichen**

S	$3,25\,a + 250\,m^2 = 575\,m^2$
C	$2,5\,t - 375\,kg = 2025\,kg$
A	$3\,h\ 25\,min + 185\,min = 6\frac{1}{2}\,h$
H	$\frac{3}{5}\,dz + 0,3\,t = 360\,kg$
U	15% von $12\,DM = 180\,Pf$
B	$540\,m - 0,04\,km = \frac{1}{2}\,km$
A	$24\,t : 12 = 200\,kg$
D	$\frac{1}{2}\,hl + 35\,l = 40\,l$
E	$1,5\,dm - \frac{1}{10}\,m = 50\,mm$
R	$12,5\,°C - 14,2° = -1,7\,°C$

Dieses Beispiel versucht eine Möglichkeit aufzuzeigen, wie verschiedene Rechenoperationen, Größen, Maßeinheiten in einer Aufgabe sinnvoll gemischt werden können. Vor solchen zusammenfassenden Übungen, die gleichzeitig verschiedene Rechenoperationen und Größenumwandlungen wiederholen, können Einzelübungen, z.B. in den einzelnen Größenbereichen, je nach Bedarf durchgeführt werden. Die letzte Sicherheit im Kopfrechnen kann aber nur über solche zusammenfassenden Übungen erzielt werden. Gleichzeitig wird damit eine zuverlässige Diagnose von nicht sicher beherrschten Kopfrechenbereichen deutlich, und es besteht die Möglichkeit gezielter weiterer Übungen (vgl. dazu die Stundenblätter der vergangenen Schuljahre).

Beispiel 2: **Ergebnisse überschlagen**

> Ein Ergebnis ist immer richtig! Kreuze es spätestens nach 30 sec. an!
>
> $7,25 \cdot 6,38 =$
>
> ❶ $53,3850$ ❶ $46,2550$ ❶ $45,4981$
>
> $1\frac{1}{36} + 2\frac{7}{18} - 3\frac{2}{9} =$
>
> ● $4\frac{2}{3}$ ○ $-\frac{3}{7}$ ● $\frac{1}{6}$
>
> Lohnsteuer: 344,25 DM
> Kirchensteuer: 30,98 DM
>
> Welcher Kirchensteuersatz gilt? (Kirchensteuer wird als Bruchteil der Lohnsteuer berechnet!)
>
> ○ 9 %   ○ 10 %   ○ 11 %

Aufgabenstellungen wie die nebenstehenden Beispiele, die ohne Hilfsmittel und in kürzester Zeit bewältigt werden sollten, fördern gezielt das Überschlagsrechnen bzw. die Beachtung und Einprägung einiger wichtiger Kontrollregeln, z.B.
- bei der Multiplikation mehrstelliger Zahlen die Berechnung und Beachtung der ‚letzten Stelle‘,
- bei der Bruchrechnung die Hauptnennerbildung,
- beim Rechnen mit rationalen Zahlen die Beachtung des Vorzeichens usw.

Beispiel 3: **Potenzen und Wurzeln**

Berechne die Werte der x- und x^2-Spalte. Dann ordne die gegebenen Wurzelwerte links ein!

	$\sqrt{x}$	x	x^2
$1,22$			
$1,73$		7	
$2,65$		2	
$3,46$		5	
$1,41$		3	
$2,24$		$2,5$	
$1,58$			144
		$1,5$	

Weitere Übungen zu Potenzen und Wurzeln lassen sich auch ohne Notationshilfen oder graphische Vorlagen durchführen:
- Auswendigsagen der x^2-Werte bis $x = 15 / x^2 = 225$,
- Zeigen der x-Werte (x^2-Werte) am Zahlenstrahl, berechnen der x^2-Werte (x-Werte) im Kopf,
- Angeben der begrenzenden Zahlen für $\sqrt{x}$-Werte als Vorübung für Intervallschachtelungen, z.B.
$$4^2 < 20 < 5^2$$
$$15^2 > 203 > 14^2$$

Übungsform und -darstellung	Methodische Hinweise

Beispiel 4: „Lehrstellen-Such-Spiel"
siehe auch Spielplan auf S. 47

Wunschberuf:
1. _____
2. _____
3. _____

Würfelbeispiele für Zielzahl 144:

$(6+6)\cdot(6+6) = 144$

$30\cdot5 - 3 - 3$

$20\cdot6 + 6\cdot4$

$(40+20+2)\cdot2$

$\left[(1+2)\cdot4\right]^2$ u.s.w.

Das Lehrstellen-Such-Spiel bietet in abwechslungs-reicher Form noch einmal die Möglichkeit der Übung der Grundrechenarten.

Grundform:
2–6 Spieler erhalten je eine Spielfigur, die sie auf den Start stellen. Vor Spielbeginn schreibt jeder der Spieler 3 der 6 angegebenen Berufe als seine ‚Wunschberufe' auf einen Zettel.
Nun wird reihum gewürfelt und mit den Spielfiguren ver-sucht, die entsprechende ‚Lehrstelle' zu erreichen. Dabei müssen die Reihenfolgen auf den Zetteln eingehalten werden.
Wer ein Lehrstellenfeld mit seiner Spielfigur genau er-reicht, kann sich bewerben und hat zweimal die Chance, die Stelle zu bekommen: Er muß dazu, wenn er an der Reihe ist, mit 2, 3 oder 4 Würfeln werfen und versuchen, mit diesen Würfelwerten die Zielzahl zu erreichen. Die Wahl der Würfelwerte (ob einfach oder zehnfach – siehe Spielplan –) ist dabei beliebig, ebenso können beliebige Rechenoperationen (siehe Beispiele links für die Zielzahl 144) verwendet werden.
Wer zuerst eine Lehrstelle – um die sich gleichzeitig mehrere Mitschüler bewerben können – findet, ist Sieger.
Wer sich bei einer Lehrstelle keine Chancen ausrechnet, kann entweder
– zur nächsten Stelle (laut Aufschrieb) weitermarschieren oder
– zum Start zurückgehen und einen neuen ‚Wunschzettel' schreiben.

Zielzahlbestimmung:
Vor Beginn des Spiels muß ferner die Zielzahl bestimmt und in den Spielplan eingetragen werden. Dazu darf jeder Spieler reihum mit 4 Würfeln werfen und daraus gemäß obigen Angaben eine Zielzahl beliebig errechnen. Das Spiel kann beginnen, wenn alle 6 Zielzahlen eingetragen sind.

Variation:
Beim ersten Spiel können die Zielzahlen, z.B. 185, 98, 250, 481 usw. (jedoch unter 600) vorher eingetragen werden. Abänderung der Spielregeln schaffen neue Varianten.

Beispiel 5: Funktionsterme

$x \rightarrow f(x)$	0	1	2	-1	-2	-5
$3x+3$						
$\frac{1}{2}x + \frac{3}{2}$						
$\frac{1}{4}x - \frac{1}{2}$						

Die Erstellung einer Wertetabelle für lineare Funktionen stellt ebenfalls eine Anwendungsübung des Kopf-rechnens dar. Über vermehrte Übungen dieser Art wer-den die Schüler mit zunehmender Sicherheit in die Lage versetzt, Werte ohne Funktionstafel oder Wertetabelle direkt in ein Schaubild einzutragen.

Als weitere Übungsformen empfehlen sich: 10–12, 14, 15, 49, 91

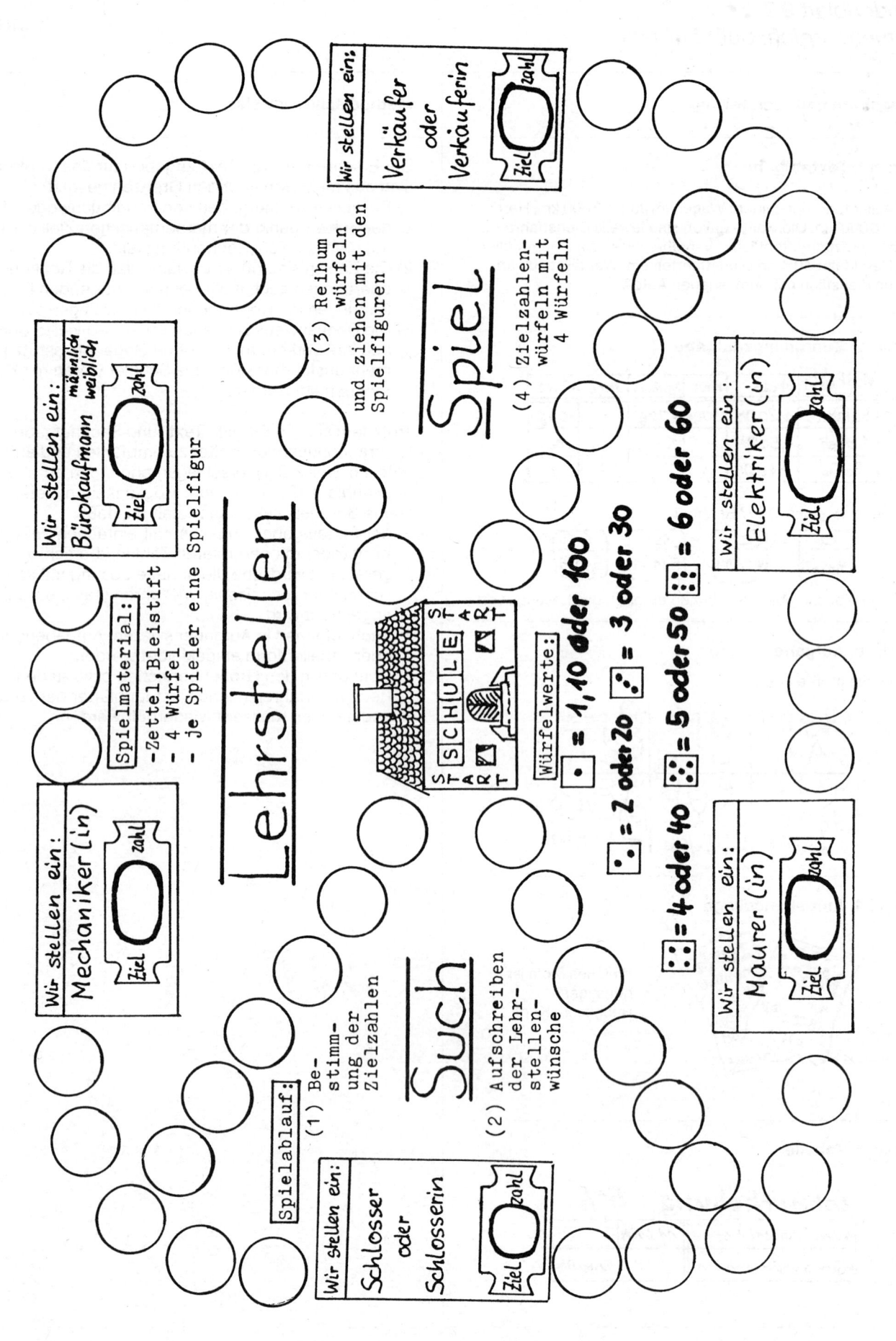

Lehrstellen

Spiel

(3) Reihum würfeln und ziehen mit den Spielfiguren

(4) Zielzahlen würfeln mit 4 Würfeln

Wir stellen ein: Verkäufer oder Verkäuferin — Ziel zahl

Wir stellen ein: Bürokaufmann männlich weiblich — Ziel zahl

Wir stellen ein: Elektriker(in) — Ziel zahl

Spielmaterial:
- Zettel, Bleistift
- 4 Würfel
- je Spieler eine Spielfigur

Würfelwerte:

▪ = 1, 10 oder 100

⠤ = 2 oder 20

⠶ = 3 oder 30

⣏ = 4 oder 40

⣿ = 5 oder 50

⣿ = 6 oder 60

Wir stellen ein: Mechaniker(in) — Ziel zahl

SCHULE START

Wir stellen ein: Maurer(in) — Ziel zahl

Such

Spielablauf:

(1) Bestimmung der Zielzahlen

(2) Aufschreiben der Lehrstellenwünsche

Wir stellen ein: Schlosser oder Schlosserin — Ziel zahl

Übungsform und -darstellung

Beispiel 1: Textaufgabe

Herr Müller fährt mit seinem Wagen im Jahr 12 000 km, Herr Maier 10 000 km. Die Hälfte davon sind jeweils Dienstfahrten. Durch Benutzung öffentlicher Verkehrsmittel spart Herr Müller 50 %, Herr Maier 40 % an Dienstfahrten ein. Wer fährt nun am meisten dienstlich mit dem eigenen Auto?

Beispiel 2: Zuordnungsaufgabe

VESPER	Preis	Emil	Norbert	Ingo	Fritz
Salami	1,20 DM	300 g	200 g	–	100 g
Biersch.	1,50 DM	–	200 g	300 g	200 g
Rote	–,60 DM	1	–	2	1

Wem gehört welche Tüte? Rechne!

Die Anfangsbuchstaben der Namen ergeben das Lösungswort.

Beispiel 3: Aufgabenskizze

Wer hat die größte Fahne?

Beispiel 4: Aufgabencollage

Welches Mofa ist günstiger? Rechne im Kopf!

Beispiel 5: Tabelle

Lohnerhöhung 5 %

alter Stundenlohn	11,00 DM	
neuer Stundenlohn		12,60 DM

Methodische Hinweise

Der Erschließung von Textaufgaben für das Kopfrechnen sind aus mehreren Gründen Grenzen gesetzt:
1) Bei vielen Textaufgaben von Schulbuchwerken liegt der Schwerpunkt der mathematischen Zielsetzung auf dem Bereich ‚Rechenfähigkeit'.
2) Die Zahlen sind oft so gewählt, daß die Rechenoperationen auch nicht bei hervorragenden Rechenleistungen mit Kopfrechnen zu bewältigen sind.
3) Die Rechenwege bestehen oft aus so vielen Schritten, daß ihre Verknüpfungen ohne Gedächtnisstütze nicht mehr ausführbar sind – die Schüler wären mit Kopfrechnen überfordert.

Trotzdem sind im Bereich Text- und Sachaufgaben Kopfrechenübungen weiter zu empfehlen und auch möglich, weil z.B. Überschlagsrechnungen durchaus notwendig und sinnvoll sind. Möglichkeiten bieten sich (siehe Beispiele links) dergestalt an, daß
- bei Textaufgaben zunächst mit einfachen Zahlen im Kopf (oder mit gerundeten Zahlen überschlagsmäßig) gerechnet wird, ehe die genaue Lösung mit schriftlichen oder technischen Verfahren (Taschenrechner) angestrebt wird;
- Sachaufgaben in Aufgabenskizzen, Aufgabencollagen oder Tabellenform eingekleidet werden;
- Übungen in den Größenbereichen bzw. zu den Rechenverfahren (siehe Stundenblätter der vorangegangenen Klassen) wiederholt werden.

Als weitere Übungsformen empfehlen sich: 10–12, 14, 15, 49, 91

Wenn es in der Schule mal
Probleme gibt (und das soll's
ja geben!), wenn wichtige
Grundlagen fehlen, dann hilft
Training. Denn Training gibt
Nachhilfe: hier werden Schritt
für Schritt die notwendigen Fertigkeiten eingeübt
und fehlende Grundlagen vermittelt.

Training

Jedes Kapitel in Training ist wie eine
Nachhilfestunde, und die kann zu jedem Zeitpunkt
stattfinden (also bei schönem Wetter auch mal
verschoben werden).
Ob das gesteckte Ziel erreicht wurde, das zeigt die
Kontrolle mit den beiliegenden Lösungsheften.
So wird Hürde für Hürde genommen, „bis ich ans
Ziel gekommen bin" (sagt Maica). Schritt für
Schritt zum Lernerfolg – und dabei billiger als
Nachhilfestunden – so geht Trainieren mit Klett.

Training Rechtschreibung I
Dehnung und Schärfung
5.-10. Schuljahr
116 Seiten + Beilage
ISBN 3-12-922055-0

Training
Rechtschreibung II
Gleich- und ähnlichklingende Laute
5.-10. Schuljahr
108 Seiten + Beilage
ISBN 3-12-922056-9

Training Rechtschreibung III
Groß- und Kleinschreibung -
Getrennt- und Zusammenschreibung -
Fremdwörter
5.-10. Schuljahr
104 Seiten + Beilage
ISBN 3-12-922065-8

Training Erörterung und Interpretation
für das 10. Schuljahr
107 Seiten + Beilage
ISBN 3-12-922052-6

Training Englisch
16 Erweiterte Textaufgaben
für das 10. Schuljahr
83 Seiten + Beilage
ISBN 3-12-922101-8

Training Englisch
Grammatikübungen
9./10. Schuljahr
104 Seiten + Beilage
ISBN 3-12-890800-1

Training Mathematik
Für den Abschluß 10. Schuljahr
151 Seiten + Beilage
ISBN 3-12-922016-X

STUNDENBLÄTTER
Deutsch

für die Sekundarstufe I

Peter Bekes
**Frank Wedekind
"Frühlings Erwachen"**
Klettbuch 927412

Jörg Bohse /
Wolfgang Pasche
Götz von Berlichingen
Klettbuch 927351

Manfred Eisenbeis
Frisch "Andorra"
Klettbuch 927251

Norbert Berger
Balladen
Unterrichtsmodelle für die
Klassen 5 bis 11
Klettbuch 927332

Dazu das Materialienheft:
Balladen
Klettbuch 26909

Hartmut Fischer /
Otmar Leppla
**Aufsatz - Erzählen /
Appellieren**
7./8. Schuljahr
Klettbuch 927326

Hartmut Fischer /
Otmar Leppla
**Aufsatz - Informieren /
Argumentieren**
7./8. Schuljahr
Klettbuch 927325

Dorothea Freudenreich /
Fritz Sperth
**Rollenspiele im
Literaturunterricht**
Klettbuch 927421

Heribert Gorzawski
"Tonio Kröger"
Klettbuch 927461

Peter Haida
**Keller "Romeo und
Julia auf dem Dorfe"**
Klettbuch 927291

Winfried Hermann
**"Der Papalagi - Ein
Südseehäuptling erlebt
unsere Zivilisation"**
Klettbuch 927301

Rosemarie Lutz /
Udo Müller
Stundenblätter Fabeln
Klettbuch 927483

Peter Kohrs
Aufsatz - Erzählen
5./6. Schuljahr
Klettbuch 927486

Peter Kohrs
**Aufsatz - Informieren /
Appellieren**
5./6. Schuljahr
Klettbuch 927488

Dieter Schiller
**Alfred Andersch
"Sansibar oder
der letzte Grund"**
Klettbuch 927141

Günter Scholdt /
Dirk Walter
**"Hauptmann
von Köpenick"**
Klettbuch 927131

Barbara Stamer
**Märchen für das
5.-7. Schuljahr**
Klettbuch 927241